国家自然科学基金委员会科学部主任基金项目

"政府中期支出框架体系研究"（批准号：71350020）阶段性成果

"中央财政支持地方高校发展专项资金"（财教便函〔2016〕136号）

The Study of Linkage Mechanism between
the Medium–Term Budget and the Annual Budget

中期预算与年度预算
联动机制研究

张韬　著

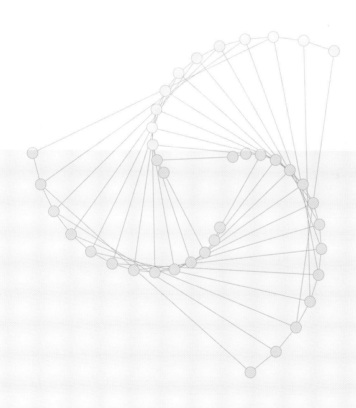

中国社会科学出版社

图书在版编目（CIP）数据

中期预算与年度预算联动机制研究/张韬著．—北京：中国
社会科学出版社，2016. 12
ISBN 978 - 7 - 5161 - 9380 - 8

Ⅰ.①中…　Ⅱ.①张…　Ⅲ.①预算制度—研究　Ⅳ.①F810.3

中国版本图书馆 CIP 数据核字（2016）第 280617 号

出　版　人	赵剑英	
责任编辑	刘晓红	
责任校对	周晓东	
责任印制	戴　宽	

出　　　版	中国社会科学出版社	
社　　　址	北京鼓楼西大街甲 158 号	
邮　　　编	100720	
网　　　址	http：//www. csspw. cn	
发 行 部	010 - 84083685	
门 市 部	010 - 84029450	
经　　　销	新华书店及其他书店	

印　　　刷	北京君升印刷有限公司
装　　　订	廊坊市广阳区广增装订厂
版　　　次	2016 年 12 月第 1 版
印　　　次	2016 年 12 月第 1 次印刷

开　　　本	710×1000　1/16
印　　　张	13.25
插　　　页	2
字　　　数	205 千字
定　　　价	50.00 元

序

　　学术界的一些学者常常为了渲染自己观点的正确性，会运用刻薄的语言描述自己所批判的对象。阿伦·威尔达夫斯基（Aaron Wildavsky）总结了一些主张政府应当实施中期预算的学者对年度预算的形容："没有头脑，因为它的流向与项目不匹配；毫无理智，因为它们关注投入而非产出；目光短浅，因为它们仅涵盖一年而非数年；支离破碎，因为作为一条规则，它仅审查变动的部分；因循守旧，因为这些变化通常很小，且更糟。"① 这种对年度预算拟人化的描述尽管有些"过分"，但是确实是让人印象深刻，看后难以忘怀。的确，现行年度预算确实存在预算编制程序缺乏足够的战略眼光，难以评估财政可持续性，而且无法为跨年度的预算承诺提供可持续的预算资源等问题。

　　中期预算由于具备年度预算所无法具备的预见性、目的性和可信度，成为世界大部分国家弥补年度预算弊端的较好选择。随着中期预算成为世界上大多数国家预算改革和发展的大趋势，中期预算理论已经成为目前世界上最热门、最具前瞻性的财政理论问题之一。然而成功实施中期预算的条件十分苛刻，不仅在政策层面要求中长期内宏观经济形势相对平稳，中长期财政收支可以较为准确地进行预测，宏观经济政策及财政政策相对稳定明确，同时在技术层面还要求与年度预算实现良好的衔接与互动。正因为如此，虽然世界上许多国家试图实施符合本国国情的中期预算改革，但是大部分国家未能实现中期预算与年度预算之间的有机衔接，导致中期预算改革被迫夭折。部分国家

---

① 阿伦·威尔达夫斯基：《预算与治理》，上海财经大学出版社 2010 年版。

虽然构建起"嵌入型"的中期预算，但是由于缺乏足够的法律约束力，导致其难以真正实现中期预算改革的初衷。

中华人民共和国成立初期，我国的财政经济管理体制基本上照搬了苏联高度集中的计划经济体制，计划高度涵盖了社会生产和人们生活的方方面面，政府预算在经济与社会领域只是"计划"的一个重要组成部分，属于国民经济计划当中的主要的资金计划。自改革开放以来，随着社会主义市场经济体制的建立和逐步完善，市场经济体制逐步取代计划经济，政府预算在整个国民经济中的地位、作用、功能也随之发生了根本性的变化，政府预算不再只是作为国民经济和社会发展的资金计划，而且更重要的是作为"国家治理的基础和重要支柱"，科学合理的政府预算是"优化资源配置、维护市场统一、促进社会公平、实现国家长治久安"的重要财政手段［《中共中央关于全面深化改革若干重大问题的决定》（以下简称《决定》），2013年11月12日中国共产党第十八届中央委员会第三次全体会议通过］。

这里需要特别指出的是，在这次会议通过的具有历史意义的《决定》中的有关十五项深化改革重大问题中"深化财税体制改革"是被作为与其他十四项并列的重大问题予以阐述的，这种行文方式表明中国共产党最高权力机构确实是把财税问题作为与国家经济、政治、社会等一系列重大问题并列的基础性和关键性（支柱）问题严肃对待的。2015年1月3日，我国国务院正式颁布《国务院关于实行中期财政规划管理的意见》（国发〔2015〕3号），明确要求各级政府部门编制中期财政规划，并提出要根据经济社会发展情况适时研究调整，使中期财政规划渐进过渡到真正的中期预算。2015年10月29日，中国共产党第十八届中央委员会第五次全体会议通过《中共中央关于制定国民经济和社会发展第十三个五年规划的建议》（以下简称《建议》），《建议》中就如何深化财税体制改革诸项中明确要求"建立全面规范、公开透明预算制度，完善政府预算体系，实施跨年度预算平衡机制和中期财政规划管理"。然而，从迄今为止的中期预算实施情况看，在中期预算和年度预算之间仍未能建立起必要的联动机制，未能实现国发〔2015〕3号文件所提出的"强化中期财政规划对年度预算编制的约束，年度预算编制必须在中期财政规划框架下进行"的基本目标。

虽然对于中期预算的必要性、约束条件与实施效果，国内外已有众多学者进行了相关研究。但是对于实现中期预算与年度预算之间的衔接问题，目前学术界的探讨尚不系统，甚至主流学者对中期预算的概念体系的认识仍然模糊不清。① 在这种背景下，理论界显然无法解释中期预算与年度预算之间的关系问题，更无法给出在实践中如何解决中期预算与年度预算之间衔接问题的答案与方法。

各国预算管理体制改革的实践已经证明，中期预算与年度预算的衔接问题，是一个世界性难题。作者在对学术界和有关国际组织已有研究成果进行梳理和提炼的基础上，通过进一步的悉心研究和认真分析，通过调查研究，提出了"不论是实施'嵌入型'的中期预算，还是实施'约束型'的中期预算，首先都是要科学有效解决好中期预算和年度预算的衔接问题"的观点。更为难能可贵的是，作者创新性地提出了构建比较适应我国国情的中期预算和年度预算的联动机制的理论构想和实践路径，这些构想和实践途径建议已经在行政、政策与立法方面的一系列建议中有不同程度的体现，使这部著作具有了重要的理论创新和重大现实意义。

人类社会发展的历史已经证明，财政问题不仅是经济问题和管理问题，而且是政治问题和社会问题，更是国家治理和国家兴旺发达的命脉所系。目前，国内外主流财政学界把财政学视为经济学的一个分支、单纯使用经济学的范式来分析政府财政问题的做法，是导致目前主流财政学理论缺乏对现实财政问题解释力、对中长期财政问题缺少预测能力的主要原因，因此对政府中期预算及其与年度预算之间关系问题的研究，首先在认识上必须挣脱"财政学隶属于应用经济学"思维惯性的束缚。

张韬作为我的学生，从博士学位论文的选题、文献综述的梳理、

---

① 李俊生、姚东旻：《中期预算框架研究中术语体系的构建、发展及其在中国应用中的流变》，《财政研究》2016 年第 1 期。

中期预算与年度预算联动机制模型的设计，最终到论文的定稿中，一直努力践行财政学作为一门独立学科的研究范式——尽管这个过程很痛苦，因为它毕竟超出了此前张韬在大学本科和硕士期间所学到和掌握的财政学理论知识，但是张韬能够迎难而上，表现出我国青年一代财政学者的良好治学风貌，以及敢于创新的精神，我不仅为之感到十分欣慰，而且也使我们对立足中国、借鉴国外、建立财政学的中国学派的光明前景更加充满了信心。

中央财经大学财政税务学院教授

副校长

2016 年 7 月 31 日

摘　要

　　随着我国财政支出需求大幅增加，以及政府债务风险和养老金风险日益加大，我国财政可持续性正面临着越来越严峻的挑战，这使对预算资源投入予以强制性约束成为必要。然而，无论是国民经济和社会发展五年规划，还是现行的年度预算机制，包括 2015 年开始实施的中期财政规划，在构建预算资源投入约束机制方面都存在明显的不足。

　　从目前的理论探索以及世界各国的实践经验来看，中期预算对于构建预算资源投入约束机制都是较好的选择。然而，成功实施中期预算的约束条件非常苛刻，不仅在政策层面要求中长期内宏观经济形势相对平稳，中长期财政收支可以较为准确地进行预测，宏观经济政策及财政政策相对稳定明确，同时在技术层面还要求与年度预算实现良好的衔接与互动。

　　对于实施中期预算的必要性、约束条件与效果，已有众多学者进行了相关研究。但是，对于中期预算实施极为重要且必须解决的基础性与关键性问题，即中期预算与年度预算之间的衔接问题，目前学术界的探讨尚不系统。本书通过对国内外文献的研究与梳理，发现学术界的争议焦点主要集中在解决方案的选择：一是将中期预算嵌入到年度预算（即"嵌入型"中期预算）；二是通过中期预算和年度预算进行严格约束（即"约束型"中期预算）。然而，这两种方案都存在难以解决的问题：一方面，"嵌入型"中期预算缺乏足够的法律约束力，在制度上存在巨大的隐患；另一方面，依据《国务院关于实行中期财政规划管理的意见》（国发〔2015〕3 号）的要求所编制的中期财政规划，难以对具有法律约束力且刚性增长的年度预算进行有效约束。

因此，探寻建立科学可行的中期预算与年度预算联动机制，并对中期预算与年度预算的关系在法律上加以进一步明确，使中期预算对年度预算具有必要的约束力，不但可以保障中期预算的成功实施，而且可以有效克服年度预算存在的不足，从而实现整个预算管理体制改革的目标。

我国目前主要依靠行政机关来推动中期财政规划和中期预算改革，加之存在预算透明度不够高、税收的法律约束力不够强、若干尚未完全脱钩的重点支出对预算支出的硬约束等问题，都成为未来实施中期预算与年度预算联动机制的主要障碍。探索建立中期预算与年度预算联动机制的主要目的，就是以构建具有约束力的中期预算为突破口，进而系统地解决上述问题。

基于上述认识，本书提出了以体制机制和政策创新为原动力，推动国民经济和社会发展五年规划、五年立法规划、中期预算在时间、目标、任务、体制机制和政策方面相衔接，实现中期预算与年度预算的科学联动，使这些要素有效构成国家规划管理现代化的重要基础。

为了实现中期预算与国民经济和社会发展五年规划、五年立法规划的有效衔接，本书运用系统动力学与运筹学的研究方法，设计出五年中期预算与年度预算联动机制的模型。理论上，中期预算与年度预算联动机制运行最理想的状态，是实现年度预算的运行与中期预算的设计完全吻合。然而在现实中，年度预算的运行与中期预算的设计完全吻合是一个小概率事件，更多的情况是年度预算与中期预算在数量和结构上会出现一定程度的偏差。例如，五年年度预算收支规模的实际执行结果通常会大于或小于五年中期预算收支规模。因此，需要通过政策、法律法规进行不断的修正，尽可能地缩小这种偏差，避免出现严重偏离的情况，从而确保中期预算与年度预算联动机制的运行能达到一个较优的状态。

基于理论分析的结果，本书提出了构建我国中期预算与年度预算联动机制在行政、政策与立法方面的建议。第一，建议政府研究并发布《经济和财政展望报告》《预算政策报告》《政府债务管理报告》《预算指南》《部门五年规划》和《部门绩效报告》；第二，建议我国各级政府借鉴我国现行的"自上而下"与"自下而上"相结合的年度预算编制方法,编制《部门中期预算》;第三,建议政府各职能部门基于中期预算的设计指标要求,在年度预算中设置部门预算支出的上限;第四,建议政府各职能部门按照《预算法》的要求严格执行预算,可用预算资金的"上限"必须具有严格的法律约束力;第五,为了确保中期预算与年度预算联动机制的建立,建议构建我国中期预算与年度预算联动的法律与政策保障机制,包括由中央全面深化改革领导小组保障中期预算与年度预算联动机制,确立全国人大在财政立法中的主导地位,修正和制定与中期预算相关的法律法规,推动国民经济和社会发展五年规划与五年立法规划、政府任期相衔接等。

本书的创新点主要包括以下内容:

(1)本书提出了构建中期预算与年度预算联动机制的理论模型以及相应的政策建议,进而为探索解决中期预算对年度预算约束力不够的问题提出了新的路径。目前,学术界和业界针对中期预算对年度预算缺乏约束力的问题,提出了有关建立"嵌入型"中期预算和"约束型"中期预算的观点与政策建议。这些建议对上述问题的解决均不同程度地存在针对性不够、约束力不强的问题。特别是在我国现行的法律框架内,中期财政规划由于不需要立法机关的批准,因而不具有法律约束力。因此,探寻中期预算与年度预算之间的联动机制,使中期预算对年度预算具有必要的约束力,是实现中期预算改革目标、完善年度预算制度与机制的重要前提条件。

(2)本书提出的将国民经济和社会发展五年规划、全国人大的五年立法规划与中期预算相互衔接的观点具有重要的理论意义和实际参考价值。目前,中期财政规划、国民经济和社会发展五年规划、全国人大的五年立法规划,在时间、目标、任务、体制机制和政策等方面都难以衔接。本书提出的以体制机制和政策创新为原动力,推动国民经济和社会发展五年规划、全国人大的五年立法规划与中期预算,在时间、目标、任务、体制机制和政策等方面相互衔接,不仅在实践中有利于实现中期预算与年度预算的科学有机联动,而且对于探索构建我国国家规划管理现代化体系也具有重要的理论意义。

（3）本书运用系统动力学、运筹学等方法来研究中期预算建设问题，是一种新的尝试。目前，国内外学者多偏重于用计量经济学、博弈论等现代经济学的方法，建立预算模型，对中期预算进行实证研究和规范分析。由于本书的研究对象是中期预算与年度预算联动机制，重点是剖析中期预算与年度预算之间的衔接问题与工作原理。通过对相关研究文献的查阅，本书采用系统动力学、运筹学等跨学科的研究方法，对中期预算与年度预算联动机制进行研究，据此构建了中期预算与年度预算联动机制的系统动力学等模型，这是研究方法上的一种新的尝试。

目　录

第一章　导论

第一节　选题背景与研究意义

一　选题背景

（一）对预算资源投入予以强制性约束成为必要

1. 财政支出需求大幅增加

我国目前的税制结构是以流转税为主体，其中第二产业是主要的税源。我国经济发展进入"新常态"以来，伴随经济发展以及国内外形势的变化，加之近年来政府实施的一系列结构性减税政策，我国财政收入增长明显放缓。预计在未来相当长的一段时期内，依靠经济长期高速增长所带来财政收入超高速增长很难出现。与此同时，我国每年财政支出增长存在很大的惯性。"长期以来，在一系列体制因素的制约下，我国始终没有像欧美国家那样建立起随财政收入下降而自动削减财政支出的机制。"① 决策者一般在作决策时，宁愿以财政收支的不平衡来换取经济社会的稳定发展，也不愿去削减财政支出而承担政治和社会风险，致使财政支出需求大幅增加，财政支出的增长速度显著高于财政收入（见图 1－1）。

2015 年，全国一般公共预算收入仅增长 8.4%。如果考虑《财政部关于完善政府预算体系有关问题的通知》（财预〔2014〕368 号）

---

① 高培勇：《深刻认识财政新常态》，《经济日报》2015 年 3 月 13 日。

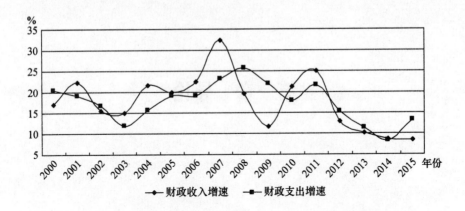

图 1 - 1 2000—2015 年我国财政收入与财政支出增速比较

资料来源：国家统计局的历年数据。

将 11 项政府性基金划转到一般公共预算的情况①，2015 年全国一般公共预算收入同口径增长率仅为 5.8%。然而，同期全国的教育、文化体育与传媒、医疗卫生与计划生育、社会保障和就业、城乡社区、农林水、节能环保和交通运输的支出增长率，分别达到了 8.4%、9.3%、17.1%、16.9%、11.5%、16.9%、26.2% 和 17.7%②，均大幅超过财政收入增长的速度。虽然减税和增加支出在政治上具有吸引力，但是人们无法在增加而非减少赤字的情况下，制定出可信的长期财政政策。③ 客观变化的形势，尤其是在经济长期处于中高速甚至中低速的条件下，迫使政府的思维惯性和决策必须更新，逐渐建立起财政支出随经济发展和财政收入变化的政策调整机制。

---

① 《财政部关于完善政府预算体系有关问题的通知》（财预〔2014〕368 号）规定："从 2015 年 1 月 1 日起，将政府性基金预算中用于提供基本公共服务以及主要用于人员和机构运转等方面的项目收支转列一般公共预算，具体包括地方教育附加、文化事业建设费、残疾人就业保障金、从地方土地出让收益计提的农田水利建设和教育资金、转让政府还贷道路收费权收入、育林基金、森林植被恢复费、水利建设基金、船舶港务费、长江口航道维护收入 11 项基金。"

② 李丽辉：《2015 年各项重点支出得到较好保障》，《人民日报》2016 年 1 月 30 日。

③ 马海涛、王威：《税制改革中结构性减税政策的分析》，载马海涛主编《从争论到实践：中国分税制改革 20 周年论文集》，经济科学出版社 2014 年版，第 13—21 页。

2. 政府债务风险和养老金风险日益加大

江泽民在党的十四届五中全会上曾明确指出："不仅要安排好当前的发展，还要为子孙后代着想，绝不能吃祖宗饭、断子孙路。"[1] 随着我国财政支出的刚性增长，以及社会逐渐步入快速老龄化阶段，政府债务规模和养老金"空账"规模日益膨胀，我国财政可持续性正面临着严峻挑战。[2] 根据联合国公布的人口数据，1990—2010 年世界各国老龄人口平均增长速度为 2.5%，我国为 3.3%。人口老龄化不但会降低经济活跃度，而且会加剧养老保险的负担。[3]"十二五"期间，我国养老保险基金支出年均增长率达到 19.7%，而同期养老保险基金收入年均增长率仅为 16.8%。[4]

"分税制"改革实施以来，在事责划分与财力不匹配的情况下，部分地方政府为了完成经济高速增长的目标，并落实中央的各项政策，曾通过"乱收费"和"土地财政"等方式增加其财政收入。随着中央通过税费改革试图解决地方政府"乱收费"的问题，同时出台一系列措施遏制因"土地财政"导致房价攀升的势头，部分地方政府又逐渐转向其他手段增加其财政收入。对于经济发达地区的地方政府，因其已基本完成工业化的主要指标，同时更具备与中央政府博弈能力来争取政策支持及专项转移支付，政府债务规模和养老金"空账"规模相对较小。对于财力拮据的欠发达地区，尤其在已提出"确保到 2020 年与全国同步进入全面小康"战略目标的欠发达地区，往往需要更多的资金支持，但是其与中央政府博弈能力相对较弱。即使动用各种社会关系（如通过地方驻京办"跑部钱进"），部分欠发达地区仍然难以弥补资金的"缺口"。当尚未完全同财政收支增幅或生产总值脱钩的重点支出与其他项目建设支出发生冲突时，欠发达地区通常只能通过举债甚至挪用养老金的方式削减赤字缺口。

---

[1]　江泽民：《江泽民文选》（第一卷），人民出版社 2006 年版，第 470—471 页。

[2]　楼继伟、张少春、王保安：《深化财税体制改革》，人民出版社 2015 年版，第 38—42 页。

[3]　《人口老龄化会给中国带来重大隐患？》，《经济深度分析》2015 年第 42 期。

[4]　白天亮：《养老金发放有保障》，《人民日报》2016 年 4 月 17 日。

根据国家审计署 2013 年年底发布的《全国政府性债务审计结果》显示，截至 2013 年 6 月底，全国各级政府负有偿还责任的债务 206988.65 亿元，负有担保责任的债务 29256.49 亿元，可能承担一定救助责任的债务 66504.56 亿元。[①] 根据人力资源与社会保障部的数据显示，养老保险个人账户的"空账"规模已经从 2007 年的 1.1 万亿元猛增到 2013 年的 3.1 万亿元。张晓娣（2013）通过对中国 2012—2021 年的公共财政及债务状况进行预测，认为过快地增加公共产品投资效率会加剧财政风险。[②]

（二）国民经济和社会发展五年规划难以维护公共政策的稳定性

1. 国民经济和社会发展五年规划与专项规划难以衔接

国民经济和社会发展五年规划在我国经济社会发展中，长期发挥着统领"总规"的作用。然而，国民经济和社会发展五年规划只是一个纲领性文件，必须通过同一层级的各种专项规划（土地资源规划、城乡建设规划、生态文明规划）以及各种区域发展规划才能落实。目前，我国的中期财政规划、土地资源规划、城乡建设规划、生态文明规划之间呈现出"各自为政"的格局，甚至在时间上都不能与国民经济和社会发展五年规划保持同步，这在一定程度上增加了部分国民经济和社会发展五年规划所确定的目标落实的困难。

2. 国民经济和社会发展五年规划缺乏跨年度的预算进行保障

国民经济和社会发展五年规划所设计的宏伟蓝图，不但可以满足政治领导人的雄心壮志，而且可以从心理上对各级政府和民众产生正向的激励效应。但是，国民经济和社会发展五年规划却未能说明这些所投入预算资源的来源（包括税收收入、政府性基金、国有银行或者国有企业的投融资等）。无论是国民经济和社会发展五年规划，还是

---

① 审计署办公厅：《中华人民共和国审计署审计结果公告》（2013 年第 32 号），中华人民共和国审计署政府网（http://www.audit.gov.cn/n1992130/n1992150/n1992500/3432077.html），2013 年 12 月 30 日。

② 张晓娣：《基于世界银行中期预算框架的中国公共债务分析与风险评价》，《市场经济与增长质量——2013 年岭南经济论坛暨广东经济学会年会论文集》，中国数字化出版社 2013 年版，第 83—99 页。

其他的公共政策，如果缺乏可持续的预算资源作为保障，不仅会导致规划与各项公共政策变为"空头支票"，甚至可能严重动摇政府的公信力，增加政府陷入"塔西佗陷阱"的风险。

（三）现行的预算机制难以对年度预算进行有效的约束

政府预算一般是以年度财政收支的形式存在，对年度政府财政收支的规模和结构进行预计和测算。其具体形式是按一定的标准，将政府预算年度的财政收支分门别类地列入各种计划表格，通过这些表格可以反映一定时期政府财政收入的具体来源和支出方向。政府预算编制后要经过国家立法机构审查批准后方能公布并组织实施；预算的执行过程受法律的严格制约，不经法定程序，任何人无权改变预算规定的各项收支指标，这就使政府的财政行为通过预算的法制化管理被置于民众的监督之下。

随着经济改革的深入以及民众纳税人意识的增强，政府预算已经从仅仅定位于财政部门的理财工具，上升至国家治理的手段与工具的重要地位。[①]"分税制"改革实施以来，我国财政收入已经从1994年的5218.10亿元增长到2015年的152217亿元，同期财政支出也从5792.62亿元增长到175768亿元。Rawls（1970）认为，"以为一个正义和善的社会必须依赖一种高度的物质生活水平是错误的"。[②]现行年度预算存在预算编制程序缺乏足够的战略眼光，难以评估财政可持续性，而且无法为跨年度的预算承诺提供可持续的预算资源等问题。虽然我国财政的宏观调控能力不断加强与完善，但直到2014年以前，我国《预算法》的条款并没有对跨年度预算资金使用作出明确的规定。

为了克服现行的年度预算的局限性，我国在年度预算的基础上正在积极探索中期预算改革的路径，并初步建立起跨年度预算平衡机制与中期财政规划管理。"六五"时期以来，财政部依据"国民经济和

---

① 马海涛、肖鹏：《全面深化财税体制改革视野下中国〈预算法〉的修订研究——中国〈预算法〉修订的背景、内容与效应分析》，《新疆财经》2014年第6期。

② Rawls J., 1970, *A Theory of Justice*, Cambridge：The Belknap Press of Harvard University Press, p. 290.

社会发展五年规划（计划）纲要"的要求，编制"财政发展五年计划"①，并从 2015 年开始依据《国务院关于实行中期财政规划管理的意见》（国发〔2015〕3 号）的要求，先后印发了《财政部关于推进中央部门中期财政规划管理的意见》（财预〔2015〕43 号）和《财政部关于编制中央部门 2016—2018 年支出规划和 2016 年部门预算的通知》（财预〔2015〕94 号）两个专门文件，用来指导中央部门编制中期财政规划。

上述一系列改革举措，为我国未来实施中期预算改革进行了有益的探索。但是中期财政规划作为指导性政策的规划，既难以对具有法律地位的年度预算进行有效的约束，更无从对转移支付进行有效的管理。此外，我国长期存在的"立法部门化"与"政策碎片化"问题未能在制度层面上得到有效解决，部分地方政府缺乏维护《预算法》权威的意识，跨年度支出在实际执行中很难与公共政策相衔接，甚至出现了"政令不出中南海"的现象。"在缺少有效的中期战略规划和决策程序的情况下，公共部门的政策制定和规划之间不仅相互独立，而且游离于预算程序之外……政府政策制定、规划以及预算三者同样不受资源可获取性和战略优先性的限制，直接导致了政府政策承诺与实际履行之间严重脱节。"②

二 研究意义

（一）理论意义

1. 进一步阐述与论证了财政问题不仅是经济问题和管理问题

财政问题不仅是经济问题和管理问题，而且是政治问题和社会问题，更是国家治理和国家兴旺发达的命脉所系。党的十八届三中全会在《中共中央关于全面深化改革的若干重大问题的决定》（以下简称党的十八届三中全会《决定》）中明确提出："财政是国家治理的基础和重要支柱，科学的财税体制是优化资源配置、维护市场统一、促

---

① 李燕：《编制中期预算是财政规范化管理的重要举措》，载马骏主编《"国家治理与公共预算"国际学术研讨会论文集》，中国财政经济出版社 2007 年版，第 277—286 页。

② 王雍君：《中国公共预算改革：从年度到中期基础》，经济科学出版社 2011 年版，第 107 页。

进社会公平、实现国家长治久安的制度保障。"因此，对公共预算的理论研究，不应该局限于政治学、经济学、管理学中的某一学科，同时分析预算理论的工具也不应只局限于政治学、经济学、管理学中的某一学科的模型，避免陷入"管中窥豹"的认识陷阱。

2. 进一步丰富了对中期预算与年度预算衔接问题的理论研究

对于实施中期预算的必要性、约束条件与效果，已有众多学者进行了相关研究。但是，对于中期预算实施极为重要且必须解决的基础性与关键性问题，即中期预算与年度预算之间的衔接问题，目前，学术界的探讨尚不系统。此外，无论是将中期预算嵌入到年度预算（即"嵌入型"中期预算），还是通过中期预算对年度预算进行严格约束（即"约束型"中期预算），都存在难以解决的问题。本书提出中期预算与年度预算联动机制，并对中期预算与年度预算的关系在法律上加以进一步明确，使中期预算对年度预算具有必要的约束力，不但可以更好地强化财经纪律的约束，保障中期预算的成功实施，而且可以有效克服年度预算存在的不足，进一步丰富了针对中期预算与年度预算衔接问题的理论研究。

（二）现实价值

1. 为我国实施中期预算提供了一种现实选择

中期预算与年度预算之间的衔接问题，是实施中期预算极为重要且必须解决的基础性与关键性问题。目前，学术界争议的焦点主要集中在解决方案的选择：一是将中期预算嵌入到年度预算（即"嵌入型"中期预算）；二是通过中期预算对年度预算进行严格约束（即"约束型"中期预算）。然而，"嵌入型"中期预算和"约束型"中期预算两种方案对解决中期预算约束力的问题，均不同程度地存在针对性不够、约束力不强的局限性。特别是在我国现行的法律框架内，中期财政规划由于不需要立法机关的批准，因而不具有法律约束力。本书提出探寻中期预算与年度预算之间的联动机制（即"联动型"中期预算），并对中期预算与年度预算的关系在法律上加以进一步明确，使中期预算对年度预算具有必要的约束力，不但可以保障中期预算的成功实施，而且可以有效克服年度预算存在的不足，从而实现整个预算管理体制改革的目标。

2. 有利于降低中期预算机制陷入僵化的风险

虽然中期预算所确定的战略目标原则上不能任意改变，但是中期
预算也并非是完美无缺的。一方面，对预算而言，预测是一个挑战，
谁也不能保证预测的收入能够维持政府的正常运转；另一方面，即使
再精心设计的中期预算，也难以预测紧急情况和问题爆发的时间与强
度。① 一旦年度预算完全被中期预算所束缚，当出现重大的外部情况
变化时，可能会增加整个预算制度陷入制度僵化的风险。年度预算由
于要求需要每年对财政收支不断进行修编，相比中期预算而言更具灵
活性。

为了使中期预算能够更加适应不断变化的经济形势，同时避免中
期预算的约束力不至于被年度预算的短期目标所破坏：一方面，年度
预算如果有必要进行调整，必须严格遵守《预算法》的有关规定，在
中期预算所确定的支出限额范围之内，对实现中期预算的战略目标所
需要投入的资源进行必要与及时的调整；另一方面，新一年的年度预
算的编制，必须优先保证完成中期预算总体财政目标和任务，确保中
期预算确立的战略目标与方向不会被轻易篡改。在这两个前提条件
下，行政机关须根据年度预算所确定的财政目标的完成情况以及外部
形势的变化，对完成中期预算所确定的财政目标的实施路径进行必要
的修正。由于预算调整始终在《预算法》以及中期预算战略目标规定
的范围之内进行，因此实施中期预算与年度预算联动机制，不但不存
在削弱中期预算对年度预算约束力的问题；反而有利于强化中期预算
对年度预算进行战略指导的能力。

3. 可以更好地反映可投入预算资源的约束性

我国年度预算的编制长期依赖于国民经济和社会发展五年规划
（计划）。然而，国民经济和社会发展五年规划无法反映预算资源的约
束性，在一定程度上导致政府支出规模日益膨胀。阿伦·威尔达夫斯

---

① ［美］托马斯·D. 林奇：《美国公共预算》（第四版），荀燕楠、董静译，中国财政
经济出版社 2002 年版，第 6 页。

基等认为，"如果要控制支出，一个多年期预算能够对未来的支出进行必要的预测"。① 引入中期预算与年度预算联动机制，可以从以下两个方面更好地反映可投入预算资源的约束性。

①有利于促进政策制定者更加深刻地意识到，政府可用的预算资源是有限的，经济下滑会给公共预算资源造成更加严格的约束，从而及时给政治领导人和民众"泼凉水"；②有利于促使政策制定者尽早对可能爆发的财政风险进行预测，及时有效地提出解决问题的方案，"确立预算编制的可用资源总量，并为政府职能部门设立支出上限，作为预算执行的基础"②，实现对预算资源的总额控制，降低了在预算资源上出现"共用池"（the common pool）问题的风险。因此，实施中期预算与年度预算联动机制，有利于从源头遏制当前地方政府债务规模和养老金"空账"规模膨胀的势头，为政府制定财政政策预备更加充足的预算资源可用空间。

4. 为制定新预算年度的预算政策提供更加科学合理的依据

Rubin（2000）认为，预算的实质在于配置稀缺资源，因而它意味着在潜在的支出项目间进行选择。③ 当财政部门组织编制年度预算时，正在执行的是前一个年度预算。一方面，立法机关与行政机关也许不知道正在实施的政策效果，但仍然需要启动下一个年度预算；另一方面，行政机关很难在较短的时间跨度内有效地制定大多数政策④，立法机关也只能在缺乏对所设立的新项目进行严格评估的情况下，提出项目调整建议，以便将其纳入下一个年度预算之中。⑤ 支离破碎的年度预算程序，势必导致预算资金的使用事倍功半，难以胜任当前

① ［美］阿伦·威尔达夫斯基：《预算与治理》，苟燕楠译，上海财经大学出版社2010年版，第127页。

② World Bank, 2013, *Beyond the Annual Budget: Global Experience with Medium Term Expenditure Frameworks*, Washington, D.C.: World Bank, p. 26.

③ Rubin, I. S., 2000, *The Politics of Public Budgeting: Getting and Spending, Borrowing and Balancing*, New York: Seven Bridges Press, p. 3.

④ 王雍君：《中国公共预算改革：从年度到中期基础》，经济科学出版社2011年版，第3页。

⑤ ［美］罗伯特·D. 李、［美］罗纳德·W. 约翰逊、［美］菲利普·G. 乔伊斯：《公共预算体系》（第八版），苟燕楠译，中国财政经济出版社2011年版，第47页。

国内外新形势下对国家治理更加苛刻的诉求。

中期预算要求以"基线筹划"（baseline project）为重要的制度工具，分离"线下预算"和"线上预算"，从而区分和评估现行政策与新政策的未来成本，并在此基础上决定政策取舍、政策重点和优先性排序。一方面，中期预算通过对未来需求的展示，有助于决策者意识到，预算年度中作出的决策在一个预算年度以后仍有影响；[1] 另一方面，中期预算通过对项目进行更富有前瞻性的预算估计，不仅为是否需要启动新的预算或者新的项目提供更加科学合理的依据，而且可以及时发现并修正现行政策存在的不足，以便为下一年度预算的编制程序提供一个更良好的起点。

5. 有利于政策制定者更加遵守预算承诺

引入中期预算与年度预算联动机制，有利于政策制定者更加遵守预算承诺，有效地改善部分地方政府官员的公共政策因政治领导人的更替出现"朝令夕改"的尴尬局面。唐朝贞观年间，时任吏部尚书戴胄曾谏言唐太宗："法者，国家所以布大信于天下；言者，当时喜怒之所发尔。"[2]《韩非子·亡征》认为，"好以智矫法，时以行杂公，法禁变易，号令数下者，可亡也"。[3] 在我国现行的政治制度下，政治领导人的重要讲话或重要批示，往往成为政府各职能部门必须优先完成的政治任务。由于不同政治领导人的治理理念总是存在一定的差异，尤其部分地方政府新当选的政治领导人为了凸显自己的政绩，往往偏好于"标新立异"，拖延甚至变更前任政治领导人尚未兑现的部分预算承诺，并因此动摇了政府的公信力。

一旦构建起具有约束力的中期预算与年度预算联动机制，就意味着财政部门必须为政治领导人跨年度的预算承诺提供了可持续的预算

---

① ［美］托马斯·D. 林奇：《美国公共预算》（第四版），苟燕楠、董静译，中国财政经济出版社 2002 年版，第 6 页。

② （唐）吴兢：《贞观政要》，刘配书、刘波、谈蔚译，新华出版社 2006 年版，第 420 页。

③ 刘乾先、韩建立、张国昉、刘坤：《韩非子译注》，黑龙江人民出版社 2003 年版，第 163 页。

资源。即使这个可能是前任政治领导人所作出的预算承诺，但只要是获得立法机关批准但尚未兑现或完成的预算承诺，预算期间内的所有政治领导人都必须受到预算承诺的严格约束。因此，中期预算与年度预算联动机制，有利于每届政府官员在任时所作出的跨年度支出承诺能够更好地得到贯彻落实，强化政策、预算、规划之间的联系，使政府有更加充足的"弹药"供给应对未来各种不确定的重大危机，从而更好地维护政府的公信力。

第二节　基本概念界定

一　相关概念的界定

（一）对中期预算相关概念的界定

1. 世界银行对中期预算相关概念的界定

Medium – Term Expenditure Frameworks（MTEFs）是目前学术界描述中期预算时使用最广泛的专业术语，主要出现在世界银行等机构的报告以及国际学术论文与著作中。Shah（2006）给出了 MTEFs 狭义的定义："MTEFs 是一个复杂的、政府范畴的支出计划。MTEFs 通过结合宏观经济与财政收入预测（通常是三年期以上的计划视角），在预算政策框架范围内依据政策优先性配置公共支出。"[1] Castro 和 Dorotinsky（2008）认为，MTEFs 是由要求逐渐提高的、具有三个阶段的序列所组成，包括中期预算政策框架（Medium – Term Fiscal Framework，MTFF）、中期部门预算框架（Medium – Term Budgetary Framework，MTBF）和中期绩效预算框架（Medium – Term Performance Framework，MTPF）。[2] 世界银行（2013）认为，MTEFs 采取一种前瞻性的战略方法确立优先次序并配置资源，使公共支出水平和结构均由

---

① Shah A. , 2006, *Budgeting and Budgetary Institutions*. Washington, D. C. : World Bank, p. 128.

② Castro I. , Dorotinsky W. , 2008, *Medium – Term Expenditure Frameworks: Demystifying and Unbundling the Concepts*, Washington, D. C. : World Bank.

新的需求决定。MTEFs 还要求政策制定者以跨部门项目的视角来考虑如何调整支出，以便更好地服务于既定政策目标。①

2. 政府文件对中期预算相关概念的界定

目前在我国的政府文件中用于描述中期预算相关概念的术语，主要是中期财政规划（Medium – Term Fiscal Planning/Program，MTFP）和三年滚动政府投资计划。国发〔2015〕3 号文件对中期财政规划的定义为："中期财政规划是中期预算的过渡形态，是在对总体财政收支情况进行科学预判的基础上，重点研究确定财政收支政策，做到主要财政政策相对稳定，同时根据经济社会发展情况适时研究调整，使中期财政规划渐进过渡到真正的中期预算。"② 根据国发〔2015〕3 号文件的定义，中期财政规划被视为中期预算的过渡形态。此外，《国家发展改革委关于加强政府投资项目储备 编制三年滚动投资计划的通知》（发改投资〔2015〕2463 号）中也明确提出："各级发 改部门审核通过的储备项目，在未来三年分渠道、分年度的投资需求即形成本级三年滚动投资计划。"③

3. 国内学术界对中期预算相关概念的界定

王雍君（2011）主张使用"中期基础预算"（Mid – Term Basis Budget）这个概念。因为"中期基础预算"与年度预算存在两个本质的区别：①缺乏法律意义上的约束力；②不是一个法定的、在预算申请者之间分配资金的方案。④ 王雍君（2015）认为，"中期预算"这个术语会让人误以为是立法机关在中期确定财政资金分配的法

① World Bank, 2013, *Beyond the Annual Budget*: *Global Experience with Medium Term Expenditure Frameworks.* Washington, D. C.: World Bank, p. 7.

② 国务院：《国务院关于实行中期财政规划管理的意见》（国发〔2015〕3 号），中华人民共和国国务院（http://www.gov.cn/ zhengce/content/2015 – 01/23/content_9428.html），2015 年 1 月 3 日。

③ 国家发展和改革委员会：《国家发展改革委关于加强政府投资项目储备 编制三年滚动投资计划的通知》（发改投资〔2015〕2463 号），2015 年 10 月 27 日。

④ 王雍君：《中国公共预算改革:从年度到中期基础》，经济科学出版社 2011 年版，第4 页。

定方案,使之与年度预算混淆①,因此提出了"中期基础预算"的概念。李俊生、姚东旻（2016）发现,部分国内学者在翻译中期预算的文献时,很容易忽略 MTEF 和 MTEFs 的区别,甚至部分国外英文文献也没有厘清 MTEF 和 MTEFs 的区别。基于对相关文献的查阅,李俊生、姚东旻主张将 MTEF 翻译为中期财政支出框架,将 MTEFs 翻译为中期预算框架。中期预算框架（Medium – Term Expenditure Frameworks）本身应该是一个将中期概念与政府政策联结起来的约束性程序,是政府年度预算编制与审批的重要依据。②

（二）本书对中期预算概念的界定

本书认为,中期财政规划只是国民经济和社会发展五年规划统领下的一个专项规划。国民经济和社会发展五年规划在我国经济社会发展中,长期发挥着统领"总规"的作用,不仅是下一级政府国民经济和社会发展规划编制的主要依据,而且对处于同一层级的各种专项规划（土地资源规划、城乡建设规划、生态文明规划）以及各种区域发展规划也起着统领的作用。在我国现有的制度框架下,"中期财政规划"实际上只是在国民经济和社会发展五年规划统领下再增加了一个专项规划。如果未来的预算改革只停留于"中期财政规划",不仅难以支撑"财政是国家治理的基础和重要支柱",甚至无法避免中期预算改革走向失败的命运。

本书通过对国外文献的整理后认为,中期预算框架是一个广义的概念思维,其中包括将中期预算的因素嵌入到年度预算之中,即中期预算框架是评估和预测政府预算政策的重要工具。但是,如果只将中期预算的因素嵌入到年度预算之中,可能会因中期预算对年度预算约束力不足,增加我国重蹈部分西方发达国家出现财政危机的风险。

本书认为,为了进一步强化预算的约束力,我国可以直接采用"中期预算"的提法。中期预算不仅是评估和预测政府预算政策效应

---

① 王雍君:《国发〔2015〕3号文对中期预算有误读》,网易财经（http://money.163.com/15/0126/08/AGSFP05S00254TFQ.html）,2015年1月26日。

② 李俊生、姚东旻:《中期预算框架研究中术语体系的构建、发展及其在中国应用中的流变》,《财政研究》2016年第1期。

的重要工具，而且是由立法机关与行政机关共同签署的一项确保多年期（一般为 3—5 年）承诺的法律契约。中期预算与年度预算之间除了嵌入与被嵌入（即"嵌入型"中期预算）和约束与被约束（即"约束型"中期预算）的逻辑关系外，还可以借鉴我国已经实施 60 多年的国民经济和社会发展五年规划及国民经济和社会发展年度计划联动机制，构建中期预算与年度预算联动（"联动型"中期预算）的逻辑关系。

（三）本书对中期预算与年度预算联动机制的界定

本书通过对国内外文献的研究与梳理，发现目前学术界对中期预算与年度预算衔接问题的争议焦点主要集中在解决方案的选择：一是将中期预算嵌入到年度预算（即"嵌入型"中期预算）；二是通过中期预算对年度预算进行严格约束（即"约束型"中期预算）。第一种方案认为，年度预算才是预算制度的核心，中期预算只是作为年度预算的一种辅助性工具。李俊生、童伟（2015）将这些观点归纳为将中期预算"嵌入"到年度预算中。[①] 第二种方案从 21 世纪开始大量出现在国内外文献中，认为中期预算对年度预算必须具有约束力，包括中期预算控制年度预算的支出总额、中期预算对年度预算具有法律约束力等。本书认为，如果只是将中期预算作为年度预算的一种辅助性或参照性工具，中期预算就难以对年度预算形成有效的约束机制。但是，中期预算约束年度预算缺乏充分的法律依据。即使"约束型"中期预算可以成立，如何防止预算机制陷入僵化，也将是一个棘手的问题。

本书界定的中期预算与年度预算联动机制，是借用了系统动力学中的术语，如同发动机中的两个主要部件——曲轴与连杆之间的关系。只有曲轴与连杆之间形成联动，发动机才可能正常运转。中期预算与年度预算联动机制，是以体制机制创新和政策创新作为驱动，以完整的法律体系作为支撑，将中期预算与年度预算连接为一个完整的

---

① 李俊生、童伟：《让预算报告更加简明易懂、科学合理》，《北京人大》2015 年第 7 期。

预算管理体系，为实现既定的预算目标进行联动。其中，中期预算主要对年度预算进行指导，确保公共政策的科学、合理；年度预算主要落实中期预算的战略目标，同时对中期预算进行及时和必要的修编，降低中期预算机制陷入僵化的风险。

二 中期预算的主要类型

根据财政部预算司《中央部门预算编制指南（2015 年）》的观点，中期预算既可以按照预算目标能否调整，划分为"弹性型"中期预算和"固定型"中期预算；也可以根据每年是否需要增加一个新的预算年度，划分为"滚动型"中期预算和"期间型"中期预算。①

（一）"弹性型"中期预算和"固定型"中期预算

在"弹性型"中期预算中，预算目标会依据经济状况的变化，以及每年的经济目标进行相应的调整。即使中期预算已经确定，每年的支出上限和总额支出估计的差距，会被现行新增加的支出所填补。中期预算的优势，在于如果某个政府部门要想调整某一个多年期的项目，就必须对其他项目进行相应的调整，否则只能变更政府的整个中期预算的目标。② 由于政府部门修改多年期项目的交易成本十分高昂，因此政府部门必须谨慎对待中期预算，确保中期预算战略目标的实现。

"固定型"中期预算又被称为"盎格鲁—荷兰模式"。在"固定型"中期预算中，中期预算的支出额度和支出单位在整个预算年度基本被严格地固定。政府支出都必须按照中期的政府目标严格执行，原则上不允许每年进行调整。③ 如果一个政府部门不得不追加更多的资源配置，那就必须设法通过立法机关的批准，削减其他政府部门等价

---

① 财政部预算司编著：《中央部门预算编制指南（2015 年）》，中国财政经济出版社 2014 年版，第 242—243 页。

② Kraan, Dirk‐Jan, Kostyleva V., Barbara, D. and Olofsson, R. 2012，"Budgeting in Montenegro"，*OECD Journal on Budgeting*，Vol. 12，No. 1，pp. 35‐78.

③ Ibid..

的资源配置作为相应的补偿。① 相比较于"弹性型"中期预算，对
"固定型"中期预算进行调整的交易成本更加高昂，因此"固定型"
中期预算具有对年度预算更强大的约束力。正是由于实施"固定型"
中期预算的条件十分苛刻，目前只有奥地利、荷兰、瑞典和英国选择
了这种模式，其他实施中期预算的国家一般都选择"弹性型"中期
预算。

不过对"弹性型"和"固定型"中期预算在实务部门中的区分，
也不应该被学术界的定义无限制地夸大。尽管由于"弹性型"中期预
算可能会弱化中期预算对年度预算的约束力，同时"固定型"中期预
算可能会导致预算陷入僵化。因此，大部分实施中期预算的国家通常
会综合"弹性型"和"固定型"两种模式来编制中期预算，以尽可
能保证财政支出框架处于相对稳定的状态。从 OECD 国家预算改革的
趋势来看，虽然财政部门一直在强化对其他政府职能部门的财经纪
律，但是财政部门对其他政府职能部门的投入控制却趋于松弛，转而
通过更多的弹性与自主权激励其他政府职能部门更好地实现目标，比
如考虑让政府职能部门共同参与区分优先性的项目。②

Burger 和 Marinkov（2012）将南非的中期预算定义为"固定弹性
型"（Anchored Flexibility）中期预算，即允许政府在经济衰退的条件
下采取相应的措施，预先设定好退出战略。弹性的财经纪律核心，是
恰当地嵌入一个永久性和暂时性的自动稳定器。这种自动稳定器能够
及时反馈经济下滑，当经济重新恢复稳定时，确保财政支出、财政收
入与公共债务的水平能够以更确定的路径返回到正常区间。③ 奥地利

---

① Kraan, Dirk‐Jan, Trapp L. V., Kostyleva V. and Wehner, J., 2012, "Budgeting in Luxembourg: Analysis and Recommendations", *OECD Journal on Budgeting*, Supplement Vol. 1, No. 1, pp. 9‐66.

② Hawkesworth I., Melchor, O. H. Robinson, M., 2012, "Selected Budgeting Issues in Chile: Performance Budgeting, Medium‐Term Budgeting, Budget Flexibility". *OECD Journal on Budgeting*, Vol. 12, No. 3, pp. 147‐185.

③ Burger P., Marinkov, M., 2012, "Fiscal Rules and Regime‐Dependent Fiscal Reaction Functions: The South African Case", *OECD Journal on Budgeting*, Vol. 12, No. 1, pp. 79‐107.

虽然也实施了"固定型"中期预算，但奥地利政府将财政支出限额划分为两个部分。名义的固定财政支出限额占75%，这部分预算属于"固定型"中期预算；另外剩余的25%为可变财政支出限额，主要依据经济周期所设计的参数进行调整，这部分预算属于"弹性型"中期预算。[①]

（二）"滚动型"中期预算和"期间型"中期预算

"滚动型"中期预算又被成为"瑞典模式"。在"滚动型"中期预算中，每年当原先的第一年到期后，都会在预算框架之后再增加一个新的年度，并对过去的预测进行更新。"滚动型"中期预算相比于"期间型"中期预算具有灵活性，财政部门可以根据年度预算的执行情况与经济发展的形势需要，在每年的预算编制程序中进行及时和必要的修编。采用"滚动型"中期预算的代表国家还包括奥地利和荷兰。此外，世界银行在2013年的研究报告中所选取的10个样本国家[②]，也都采用了"滚动型"中期预算的编制方法。我国在国发〔2015〕3号文件要求"中期财政规划按照三年滚动方式编制"，也是在一些要素上借鉴了"滚动型"中期预算的模式。

在"期间型"中期预算中，预算所覆盖的时间区间是固定不变的。只有当预算年度达到覆盖期限时，政府才会重新编制新的中期预算。法国和英国是"期间型"中期预算的代表国家。英国在2010年之前的中期预算编制方法，是在年度预算的基础上，再增加三年期的部门支出框架，中期预算一般每两年或每三年才更新一次。英国为了确保中期预算的期间能够覆盖政府内阁的任期，从2010年起将三年期的部门支出框架增加到四年。与瑞典等国家的"滚动型"中期预算不同，法国和英国的"期间型"中期预算只对负责编制该预算的本届政府具有约束力，下一届继任政府没有义务完全遵守上届政府的预算

① Steger G. , 2010, "Austria's Budget Reform: How to Create Consensus for a Decisive Change of Fiscal Rules" *OECD Journal on Budgeting*, Vol. 10, No. 1, pp. 7 – 20.

② 10个样本国家的中央政府或联邦政府主要在世界银行的指导下编制了中期预算，包括阿尔巴尼亚、亚美尼亚、巴西、加纳、约旦、韩国、尼加拉瓜、俄罗斯、南非和乌干达。

承诺，除非该项目已经被议会审议通过成为正式的法案。[①]

我国"六五"时期以来，财政部综合司依据"国民经济和社会发展五年规划（计划）纲要"要求所编制"财政发展五年计划"，也是在一些要素上借鉴了"期间型"中期预算的模式。由于"财政发展五年计划"只是财政部门配合国家经济和社会发展规划而制定的部门规划，其所确定的财政战略主要作为编制年度预算的预期性指标，因此"财政发展五年计划"对年度预算不具有法律约束力。

第三节　研究思路与主要内容

一　研究方法

（一）文献研究

本书查阅了国内外对中期预算、年度预算以及与预算相关的政治学、经济学、管理学等多学科的大量文献，对已有的中期预算与年度预算衔接问题的学术研究进行梳理。本书发现，学术界争论的焦点主要集中在中期预算与年度预算之间的衔接问题上，即应将中期预算嵌入到年度预算，还是构建中期预算对年度预算的约束机制。目前，学术界对中期预算与年度预算衔接问题的探讨尚不系统，亟待进行更深入的研究。

（二）理论研究

针对国内外学者已有的研究，本书结合了公共选择理论、渐进预算理论、生命周期—持久性收入理论、预算平衡理论等研究公共预算问题的重要理论，以及系统动力学、运筹学等跨学科的部分基础理论，试图梳理中期预算与年度预算两种预算机制之间的衔接问题，提出可能符合我国国情的中期预算与年度预算联动机制的假设，并用逻

---

① Kraan, Dirk - Jan, Trapp L. V., Kostyleva V., Wehner, J., 2012, "Budgeting in Luxembourg: Analysis and Recommendations", *OECD Journal on Budgeting*, Supplement Vol. 1, No. 1, pp. 9 - 66.

辑推理与定性定量等方法，构建具有可行性的中期预算与年度预算联
动机制。

（三）实地调研与访谈

预算理论来自预算实务。为了尽量获取我国预算改革的前沿信
息，本书在写作过程中对财政部、北京市人大、北京市财政局、贵州
省人大、贵州省财政厅、贵州省发展改革委等单位进行了实地调研，
同时对预算岗位上的部分工作人员就中期预算问题进行访谈，并请教
研究财政学和其他学科的资深专家学者，尽可能地熟悉我国实施中期
预算改革所取得的进展及存在的阻碍，从而更好地预测我国未来预算
改革的方向，提出具有可行性的对策建议。

二　研究技术路线

本书的研究技术路线如图 1 - 2 所示。

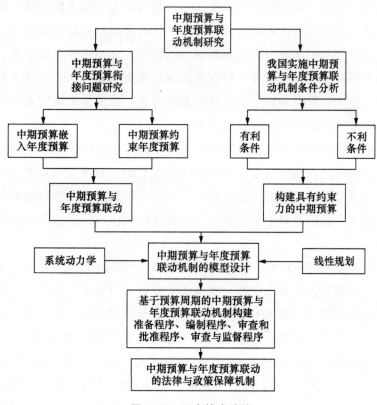

图 1 - 2　研究技术路线

三 主要内容

第一部分即第一章：导论。介绍了本书的选题背景、研究意义、相关概念、研究思想与内容、创新与不足等。

第二部分即第二章、第三章：文献综述与理论依据。通过对国内外文献的研究与梳理，发现学术界的争议焦点主要集中在解决方案的选择：一是将中期预算嵌入到年度预算；二是通过中期预算对年度预算进行严格约束。同时，本书梳理与探寻了中期预算与年度预算联动机制的主要理论依据，包括预算平衡理论、渐进预算理论、生命周期—持久性收入理论和公共选择理论。

第三部分即第四章：我国实施中期预算与年度预算联动机制条件分析。社会主义市场经济体制的建立、预算管理改革的深化、日益增长的预算规模、国内三年滚动预算的试点以及国民经济和社会发展五年规划与年度计划联动的基本模式，为我国未来实施中期预算与年度预算联动机制创造了有利条件。然而，我国目前是依靠行政机关，尤其是财政部门来实施中期财政规划，以推动未来的中期预算改革，加之存在预算透明度不够高、税收的法律约束力不够强、若干尚未完全脱钩的重点支出对预算支出的硬约束等问题，都成为未来实施中期预算与年度预算联动机制的主要障碍。

第四部分即第五章：中期预算与年度预算联动机制构建的模型设计。首先对现有制度框架下与新制度框架下的中期预算与年度预算联动机制模型框架构建进行比较分析，其次运用系统动力学与运筹学的研究方法，试图解释中期预算与年度预算联动机制的衔接问题与工作原理。

第五部分即第六章、第七章：基于预算周期的中期预算与年度预算联动机制构建，提出行政、政策与立法方面的建议。第一，建议政府研究并发布《经济和财政展望报告》《预算政策报告》《政府债务管理报告》《预算指南》《部门五年规划》和《部门绩效报告》；第二，建议我国各级政府借鉴我国现行的"自上而下"与"自下而上"相结合的年度预算编制方法，编制《部门中期预算》；第三，建议政府各职能部门基于中期预算的设计指标要求，在年度预算中设置部门预算支出的上限；第四，建议政府各职能部门按照《预算法》的要求严格执行预算，可用预算资金的"上限"必须具有严格的法律约束力；第五，为了确保中期预算与年度预算联动机制的建立，建议构建我国中期预算与年度预算联动的法律与政策保障机制，包括由中央全面深化改革领导小组保障中期预算与年度预算联动机制，确立全国人大在财政立法中的主导地位，修正和制定与中期预算相关的法律法规，推动国民经济和社会发展五年规划与五年立法规划、政府任期相衔接等。

第六部分：结论与研究展望。总结本书的研究内容，指出本书存在的局限性。

第四节　本书的创新点、难点与不足

一　本书的创新点

（1）本书提出了构建中期预算与年度预算联动机制的理论模型以及相应的政策建议，进而为探索解决中期预算对年度预算约束力不够的问题提出了新的路径。目前，学术界和业界针对中期预算对年度预算缺乏约束力的问题，提出了有关建立"嵌入型"中期预算和"约束型"中期预算的观点与政策建议。这些建议对上述问题的解决均不同程度地存在针对性不够、约束力不强的问题。特别是在我国现行的法律框架内，中期财政规划由于不需要立法机关的批准，因而不具有法律约束力。因此，探寻中期预算与年度预算之间的联动机制，使中期预算对年度预算具有必要的约束力，是实现中期预算改革目标、完善年度预算制度与机制的重要前提条件。

（2）本书提出的将国民经济和社会发展五年规划、全国人大的五年立法规划与中期预算相互衔接的观点，具有重要的理论意义和实际参考价值。目前，中期财政规划、国民经济和社会发展五年规划、全国人大的五年立法规划，在时间、目标、任务、体制机制和政策等方面都难以衔接。本书提出的以体制机制和政策创新为原动力，推动国民经济和社会发展五年规划、全国人大的五年立法规划与中期预算框架，在时间、目标、任务、体制机制和政策等方面相互衔接，不仅在实践中有利于实现中期预算与年度预算的科学有机联动，而且对于探索我国国家规划管理现代化体系建设也具有重要的理论意义。

（3）本书运用系统动力学、运筹学等方法来研究中期预算建设问题，是一种新的尝试。目前，国内外学者多偏重于用计量经济学、博弈论等现代经济学的方法，建立预算模型，对中期预算进行实证研究和规范分析。由于本书的研究对象是中期预算与年度预算联动机制，重点是剖析中期预算与年度预算之间的衔接问题与工作原理。通过对相关研究文献的查阅，本书采用系统动力学、运筹学等跨学科的研究方法，对中期预算与年度预算联动机制进行研究，据此构建了中期预算与年度预算联动机制的系统动力学等模型，这是研究方法上的一种新的尝试。

二 本书的难点与不足

（1）研究的内容存在一定的局限性。预算研究所涉及的范围十分复杂。为了将研究内容引向深入，本书对中期预算与年度预算联动机制的研究主要局限在一般公共预算。对"四本预算"中的其他"三本预算"，即政府性基金预算、国有资本经营预算和社会保险基金预算，本书仅仅是简单的提及，并未展开深入的研究。

（2）研究的方法存在一定的局限性。本书设计的系统动力学和运筹学模型的目的，只是为了缩小中期预算与年度预算在数量与结构上的偏差，确保中期预算与年度预算联动机制的运行能达到一个较优的状态。然而本书所设计的模型并没有充分考虑到可能会对中期预算与年度预算联动机制运行产生影响的内生变量与外生变量，模型设计有待更深入的研究。

（3）本书提出的中期预算与年度预算联动机制缺乏实际工作的检验。目前，我国各级政府主要是依据国发〔2015〕3号文件编制中期财政规划。由于中期财政规划缺乏对年度预算的法律约束力，中期财政规划实质上只是财政部门的专项规划。此外，我国的政治体制决定了我国无法照搬国外编制中期预算的方法。因此，我国能否真正构建起符合本国国情的中期预算与年度预算联动机制，还亟待实际工作的检验。

（4）要真正构建起中期预算与其他规划之间的衔接机制具有相当难度。中期预算要想同国民经济和社会发展五年规划、国土资源规划、城乡建设规划等带有明显部门特色的规划与政策相衔接，必然成为一个重大现实难题。本书在研究中期预算与年度预算联动机制的过程中，对如何实现中期预算与上述部门规划和政策有效衔接，还没有进行深入系统的研究，尚缺乏具有实际运用价值的解决方案。

第二章 文献综述

第一节 关于中期预算机制设计与
实施效果的研究

一 关于中期预算机制设计的研究

(一) 国外研究

早在 20 世纪 60 年代，国外学者便开始关注政府编制多年期规划与多年期预算。Madsen（1968）发现，挪威财政部于 1963 年开始就要求政府各部门每年在提交年度预算申请的基础上，还必须提交一份多年期的预算草案（Tentative Budget），这份预算草案成为后来政府编制多年期预算的雏形。①

Pitsvada 和 Draper 发现，1961 年时任美国国防部长 McNamara 将"计划—项目预算系统"（Planning，Programming and Budgeting System，PPBS）引入美国国防部，其中"五年期防御计划"（the Five Year Defense Plan，FYDP）是整个系统的一部分。Pitsvada 和 Draper 认为，"五年期防御计划"其实就是美国最早的多年期预算，只是由于美国联邦政府的其他政府部门没有像国防部那样做，因此未能在当时被

---

① Madsen J., 1968, "Multi – year Planning and Budgeting of Government Activities", *Economics of Planning*, Vol. 8, No. 1 – 2, pp. 140 – 153.

Wildavsky、Fenno 等著名学者纳入研究的视野。①

Forrester（1991）通过对美国市级政府预算数据的横截面研究，认为多年期预算虽然淡化了增量预算主义，然而对未来的预测依然要基于历史上财政收入与支出的数据。②

Boex、Martinez – Vazquez 和 McNab（1998）从多年期筹划（估计或规划）、两种预算程序的整合、支出限额的决定、滚动或固定、政府职能部门的弹性等多重视角，比较系统地介绍了澳大利亚、奥地利、德国、新西兰、英国、美国在多年期预算运行的一些主要特征。研究认为，虽然各国的多年期预算并没有固定统一的模式，但是由于编制多年期预算所需要的前提条件十分苛刻，因此对选择编制多年期预算的发展中国家与转型国家持谨慎的态度。③

Allen 和 Tommasi（2009）提出了年度预算编制和跨年度预算编制挂钩的方法，具体程序包括预算编制过程的起点，在跨年度预算中设定每个年度的部门最高限额，明确区分持续性政策与拟议中的新政策及政策修改。④ Kraan 等（2012）将已经实施中期预算框架（MTEFs）的国家总结为"瑞典模式"（即"滚动型"中期预算）和"盎格鲁—荷兰模式"（即"固定型"中期预算）。"瑞典模式"是在中期预算框架确定后，支出上限和总额支出估计的差距被现行的新支出所填补；而"盎格鲁—荷兰模式"则要求中期预算框架的支出尺度和支出单位在整个预算年度基本保持固定，只允许保留跨年度预算资金的再

---

① ［美］伯纳德·T. 皮特斯瓦德、［美］弗兰克·D. 德雷帕：《联邦预算传统风格的意义——渐进预算》，载赵早早、牛美丽主编《渐进预算理论》，重庆大学出版社 2011 年版，第 136—147 页。

② Forrester J. P. , 1991, "Multi – year Forecasting and Municipal Budgeting", *Public Budgeting and Finance*, Vol. 11, No. 2, pp. 47 – 61.

③ Boex J. , J. Martinez – Vazquez and R. McNab. , 1998, "Multi – year Budgeting: A Review of International Practices and Lessons for Developing and Transitional Economies", *Public Budgeting and Finance*, Vol. 20, No. 2, pp. 91 – 112.

④ Allen R. , Tommasi D. :《公共开支管理——供转型经济国家参考的资料》，章彤译，中国财政经济出版社 2009 年版，第 157 页。

分配。①

世界银行（2013）在研究报告中，将中期预算框架（MTEFs）划分为中期预算政策框架（MTFF）、中期部门预算框架（MTBF）和中期绩效预算框架（MTPF）三个不同的发展阶段。世界银行认为，较好的预算改革实践，是在较低级的中期预算框架运行成熟后，再逐渐升级到更高级的中期预算框架。② 与世界银行的观点类似，欧盟委员会与OECD秘书处（2012）在指导卢森堡编制多年期预算时，建议卢森堡首先只引入包含财政支出项目的四年期（年度预算基础上增加后三年的财政规划）中期财政支出框架（MTEF）。待中期预算框架运行成熟以后，再引入包含财政收入项目（主要是中央政府与社会保障基金）的三年期（年度预算基础上增加之后两年的财政筹划）中期部门预算框架（MTBF）。③

Holmes和Evans（2003）发现，第二次世界大战结束以后，以世界银行（World Bank）和国际货币基金组织（IMF）等为代表的国际组织，除了帮助遭受战争严重破坏的一些国家进行战后重建，同时还长期帮助发展中国家削减贫困问题。但是，由于受到各种因素的制约，针对发展中国家的大量援助资金未能惠及受援国的普通公民。上述国际组织普遍认为，要想确保其所援助的发展中国家严格遵守财经纪律使用预算资金，并且提高这些援助资金技术效率，首先必须对这些发展中国家的预算管理制度进行改革。因此，从20世纪90年代开始，这些受援国政府在接受援助资金时，被要求必须在世界银行或国际货币基金组织指导或协助下编制中期预算，以贯彻贫困削减战略文件（Poverty Reduction Strategies Papers，PRSPs）和千年发展目标

① Kraan, Dirk – Jan, Kostyleva V., Barbara D., Olofsson, R., 2012, "Budgeting in Montenegro", *OECD Journal on Budgeting*, Vol. 12, No. 1, pp. 35 – 78.

② World Bank, 2013, *Beyond the Annual Budget: Global Experience with Medium Term Expenditure Frameworks*, Washington, D. C.: World Bank. p. 25.

③ Kraan, Dirk – Jan, Trapp L. V., Kostyleva V., Wehner, J., 2012, "Budgeting in Luxembourg: Analysis and Recommendations", *OECD Journal on Budgeting*, Supplement Vol. 1, No. 1, pp. 9 – 66.

（Millennium Development Goals，MDGs）。①

澳大利亚早在 20 世纪 80 年代便开始构建完整的 MTEF 系统，成为大部分学者认为的最早实施中期预算改革的国家。欧盟、北约、OECD 等区域性国际组织在扩大其成员国范围时，为了保证候选成员国的国家战略与预算资金的一致性，往往将这些国家是否实施中期预算作为加入组织的前提条件之一。相对丰富的实践经验，为学者对中期预算进行大量有益的研究创造了良好的条件。荷兰政府与欧盟当局合作的欧洲水倡议（The EU Water Initiative，EUWI）致力于在东南欧、高加索和中亚国家（EECCA Countries）在财政战略中指导实施MTEF，其中供水部门与卫生部门已经采用中期预算规划（Medium – Term Budget Planning）作为政府治理的工具与方法。② 联合国驻坦桑利亚协调员办公室在对坦桑尼亚的发展援助计划中，将中期财政支出框架（MTEF）与援助管理平台作为国家预算过程的一部分紧密结合。③ 由 ECO Consult 领衔，与 AGEG、APRI、Euronet、IRAM 、NCG（2011）认为，年度与多年度的公共投资项目必须有赖于 MTEF 的支持。④

对于中期预算保障机制尚未完全成熟的欠发达国家，中期预算改革的方向一般更强调对未来数年内财政数据的估计。乌干达财政、规划与经济发展部在其《国家规划预算报告》中，包含了中期宏观经济规划、社会与经济发展项目与指示性的财政收入与财政支出框架，在

① Holmes M. and Evans, A. , 2003, *A Review of Experience in Implementing Medium Term Expenditure Frameworks in a PRSP Context: A Synthesis of Eight Country Studies.* London: Overseas Development Institute.

② The EU Water Initiative, 2010, *Tools and Approaches to Support Improved Medium – Term Budget Planning for the Water Supply and Sanitation Sector in EECCA Countries*, Paris: The EU Water Initiative.

③ Office of the United Nations Resident Coordinator in Tanzania, 2011, *United Nations Development Assistance Plan (UNDAP) July 2011—June 2015.* Dodoma: United Nations Tanzania.

④ ECO Consult, AGEG, APRI, Euronet, IRAM and NCG, 2011, *EVA 2007/geo – acp: Evaluation of EC's co – operation to the Republic of Malawi 2003—10.* Brussel: The European Commission, No. 11, p. 33.

年度预算的基础上再编制 5 年的预算估计。① 而在中期预算保障机制相对成熟的国家，中期预算可以发挥更多的功能。肯尼亚卫生部门在其编制的跨年度滚动的卫生部门战略与公共投资规划中，制定了《实时更新的规划与时间基线回顾的年度规划与时间基线监督健康表》，并对中央以及地方的立法机关、财政部门、卫生部门在每个月的工作流程作出了详细明确的规定。②

（二）国内研究

从新中国成立初期确立高度集中的计划经济体制，到党的十八届三中全会召开前夕，我国的政府预算实质上只是从属于国民经济和社会发展五年规划的一项下位政策，即实施国民经济和社会发展五年规划（计划）的一项工具。受制于国情的影响，我国对中期预算的理论研究相对滞后。但是，国内财政学者仍对中期预算进行了不懈的探索研究。

马寒在翻译 1991 年 3 月 16 日出版的《简氏防务周刊》中，提及印度政府提交议会审查的中期预算报告。③ 陈小平（1998）④《东欧中亚市场研究》⑤、与朱青（1998）⑥ 数次在论文中提及中期预算。但是，20 世纪 90 年代的国内文献，始终局限于在分析国外预算时零星提及中期预算。

直到进入 21 世纪，中国内地才开始大量出现针对中期预算概念的文献研究。陈晓荣（2003）认为，多年预算是计划期超过一年的预

---

① Ministry of Finance, Planning and Economic Development, 2013, *National Budget Framework Paper*：FY2013/2014—FY2017/2018. Kampala：Ministry of Finance, Planning and Economic Development, p. 45.

② Ministry of Medical Services and Ministry of Public Health and Sanitation, Afya House, 2013, *Health Sector Strategic and Investment Plan* (*KHSSP*) *July* 2013—*June* 2017, Nairobi：Ministry of Medical Services and Ministry of Public Health and Sanitation, Afya House, pp. 111 - 112.

③ 马寒：《印度军费计划增加 5.77 亿美元》，《军事经济研究》1991 年第 6 期。

④ 陈小平：《印度新导弹争相上舰》，《当代海军》1998 年第 5 期。

⑤《经贸信息：俄罗斯计划使预算达到平衡和无赤字》，《东欧中亚市场研究》1998 年第 7 期。

⑥ 朱青：《欧洲货币统一与欧元区预算政策的协调》，《财经研究》1998 年第 10 期。

算，包括中期预算（3—5 年）和长期预算（数十年）。① 何振一（2005）认为，多年预算（又称为滚动预算）是采取每年递推的方法同时编制几个年度的财政收支计划，同时对多年预算相较年度预算所具备的优点进行了归纳总结。② 肖文东（2007）通过分析国际货币基金组织与世界银行的研究，归纳总结了中期预算的含义。③ 李俊生、李贞（2012）认为，多年期预算是指预算收支安排在两年期以上的预算，是一种对年度预算具有指导功能的财政发展规划。④

国内学者也对实施中期预算的必要性与实施路径进行了大量研究。姚绍学、李小捧（2004）以省级政府为例，对我国的地方政府制定中长期预算的基本内容、编制程序和决策程序提出了一些基本构想。⑤ 李燕（2006）总结了国外编制财政中期（多年滚动）预算的特点，对我国编制中期预算提出了一些可供借鉴的政策建议。⑥ 童伟（2007）总结了苏联解体以来俄罗斯预算改革的情况，对俄罗斯中期预算变革路径进行了分析。⑦ 肖文东、王雍君（2011）对中期预算框架的程序进行了探讨，认为 MTBF 的缺乏导致年度预算与政策之间的脱节，建议构建"自上而下"的预算程序并完善"自下而上"的预算程序。⑧ 王雍君（2011）认为，对于构建"自上而下"的预算程序，应该以量化政策的财政效应（即现行政策对当前和未来财政收支的影响）为前提。⑨ 石英华（2012）认为，建立与中长期规划相衔接

① 陈晓荣：《多年预算制度浅析》，《改革》2003 年第 6 期。
② 何振一：《理论财政学》（第二版），中国财政经济出版社 2005 年版，第 238 页。
③ 肖文东：《年度预算与中期预算：比较及借鉴》，《中央财经大学学报》2007 年第 12 期。
④ 李俊生、李贞：《外国财政理论与实践》，经济科学出版社 2012 年版，第 63 页。
⑤ 姚绍学、李小捧：《地方政府制定中长期财政预算的构想》，《财政研究》2004 年第 8 期。
⑥ 李燕：《财政中期（多年滚动）预算：借鉴与实施》，《财政研究》2006 年第 2 期。
⑦ 童伟：《俄罗斯政府施政工具选择和中期预算变革》，《财政研究》2007 年第 6 期。
⑧ 肖文东、王雍君：《"十二五"时期中国预算改革的思考——基于引入中期预算框架的视角》，《中国流通经济》2011 年第 11 期。
⑨ 王雍君：《中国公共预算改革：从年度到中期基础》，经济科学出版社 2011 年版，第 205 页。

的中期预算，有利于加强我国预算与政府中长期规划的衔接。① 马蔡琛、张莉（2016）建议，我国可以先建立跨年度的收入和支出估计，未来再逐步构建更高层次的跨年度预算平衡机制。②

随着国内对中期预算研究的不断深化，部分学者已经逐渐认识到解答中期预算与年度预算衔接问题的重要性。王雍君（2011）建议，我国的中期基础预算可以借鉴澳大利亚和丹麦等国的经验，将以前年度编制的中期支出估计作为编制年度预算的起点。财政部门与其他政府职能部门应将预算谈判重点转移到新政策。财政部门可利用中期基础预算的支出估计，评估年度预算支出限额线下部分的合理性，政府各职能部门则据此编制新的年度预算。③ 李俊生（2014）基于中国国情，设计出中央机构编制财政中期支出框架的时间安排表，对中央主要部门在财政中期支出框架的编制与审查阶段的职责提出了相应的政策建议。④ 马蔡琛、袁娇（2016）认为，如果中期预算不能在编制程序上与年度预算充分融合，将会降低预算执行效率。⑤

二 关于中期预算实施效果的研究

（一）关于提高中期预算实施效果的约束条件研究

实施有效的中期预算存在许多严格的约束条件，主要包括以下几个方面。

1. 政府对实施中期预算改革的动力不足

Lee 等（2004）认为，由于现实中许多未知的因素，制订超过 5 年的计划是困难的，政治领导人只有有限的动机去关注未来数年之后出现的成本和收益，因为这些未来的成本和收益可能会出现在其选举

---

① 石英华：《预算与政府中长期规划紧密衔接的机制研究——研究改善政府预算执行的新视角》，《财贸经济》2012 年第 8 期。

② 马蔡琛、张莉：《构建中的跨年度预算平衡机制：国际经验与中国现实》，《财政研究》2016 年第 1 期。

③ 王雍君：《中国公共预算改革：从年度到中期基础》，经济科学出版社 2011 年版，第 206 页。

④ 李俊生：《构建具有约束力的财政中期财政支出框架》，《中国财经报》2014 年 1 月 4 日。

⑤ 马蔡琛、袁娇：《中期预算改革的国际经验与中国现实》，《经济纵横》2016 年第 4 期。

期之外。① 世界银行（2013）发现，由于中期预算框架更强调财经纪律而不是其他公共财政管理目标，只是用来限制财政支出，或者是与其他政府职能部门争夺预算分配权，因而成为大部分实施中期预算的国家财政部门与政府职能部门之间关系紧张的源头。② Petkova 等（2011）认为，实施中期预算改革所面临的一个巨大挑战，是既要削弱政府职能部门与预算部门谈判的能力，同时又可以增强这些部门执行财政支出项目的信心，类似于"要把鹅毛拔下来，又不让鹅叫"。③ 李红霞、刘天琦认为，我国的中期财政规划不仅要与国民经济和社会发展五年规划相结合，还要与国家宏观调控政策相衔接。④ 由于中期预算改革必然会涉及一些利益部门利益的重新划分，因此必须在一个强有力的权力机构领导下才有可能完成。

为了更好地实现公共预算与公共政策之间的衔接，部分学者建议可以逐步整合立法机关与行政机关之间的权力配置，尤其是财政部门和发改部门之间的权力配置，包括组建一个类似于美国白宫管理与预算办公室的职能部门。马骏（2005）建议，将财政部预算司与国家发展和改革委员会合并，设置一个直接对国务院总理负责的"计划与预算委员会"。⑤ 王雍君（2011）建议，由国务院、国家发展和改革委员会和财政部牵头，建立公共支出审查委员会。⑥ 贾康等（2015）建议，将现行财政部的预算编制职能与其他部委的预算编制职能统一，

---

① Lee R. D. , Johnson R. W. and Joyce, P. G. , 2004, *Public Budgeting Systems*, *Seventh Edition.* Sudbury：Jones and Bartlett Publishers, p. 90.

② World Bank, 2013, *Beyond the Annual Budget*：*Global Experience with Medium Term Expenditure Frameworks.* Washington, D. C. ：World Bank, p. 60.

③ Petkova N. , Stanek, R. and Bularga, A. , 2011, "Medium – term Management of Green Budget：The Case of Ukraine", *OECD Environment Working Paper*, Vol. 31, No. 1, pp. 1 – 81.

④ 李红霞、刘天琦：《中期财政规划改革的难点与路径探析》，《中央财经大学学报》2016 年第 6 期。

⑤ 马骏：《中国公共预算改革理性化与民主化》，中央编译出版社 2005 年版，第 259 页。

⑥ 王雍君：《中国公共预算改革：从年度到中期基础》，经济科学出版社 2011 年版，第 208 页。

组建对国务院总理负责的国家预算编制委员会。[①]

2. 成功实施中期预算改革的保障制度比较苛刻

Le Houerou 和 Taliercio（2002）认为，"在一些预算管理其他环节仍然薄弱的国家，单靠中期预算框架并不能实现改善公共支出管理的目标"。[②] Spackman（2002）认为，有效的 MTBF 离不开政府职能部门工作效率、资源配置过程的稳定性、预算透明度，以及在总预算硬约束下给予政府职能部门更多配置资源的决策权。[③] 王雍君（2008）认为，只有预算承诺真正可控、透明且稳定时，MTBF 才是有效的。[④] 李燕（2012）认为，除了提升预算透明度，中期预算还要求创建有效的监督机制。[⑤] Gurría 和 Moreno（2014）认为，成功实施 MTEF 的最大挑战，是财政支出估计和财政支出限额必须基于高质量的筹划，确保 MTEF 与政府各个职能部门和地方政府的一致性。[⑥] 白彦锋、叶菲（2013）研究了美国、英国、法国、日本、韩国中期预算的实践，建议中国对现有的财税制度进行全面配套改革，从而更有效地解决政府债务风险、房产税改革、税延型养老保险与税制结构失衡等问题。[⑦] 崔惠玉、周伟（2016）主张发挥中期预算框架战略规划的优势，运用

---

① 贾康、苏京春、梁季、刘薇：《全面深化财税体制改革之路：分税制的攻坚克难》，人民出版社 2015 年版，第 214—215 页。

② Le Houerou, P. and Taliercio, R., 2002, *Medium – Term Expenditure Frameworks: From Concept to Practice (Preliminary Lessons from Africa)*, Washington, D. C.: World Bank, p. 25.

③ Spackman, M., 2002, *Multi – Year Perspective in Budgeting and Public Investment Planning*, Paris: the OECD Global Forum on Sustainable Development, No. 4, p. 5.

④ 王雍君：《中国的预算改革：引入中期预算框架的策略与要点》，《中央财经大学学报》2008 年第 9 期。

⑤ 李燕：《财政可持续发展与透明视角下的中期预算探究》，《中国行政管理》2012 年第 9 期。

⑥ Gurría, A. and Moreno, L. A., 2014, *Government at a Glance—Latin American and the Caribbean* 2014: *Towards Innovation Public Financial Management*. Paris: OECD Publishing, pp. 78 – 79.

⑦ 白彦锋、叶菲：《中期预算：中国模式与国际借鉴》，《经济与管理评论》2013 年第 1 期。

政策的评估、分析和校正机制，把握好我国税制改革的"度"。①

　　然而过度僵化的预算管理制度，可能会严重挫伤各级政府官员的工作积极性，加剧中期预算改革失败的风险。即使是奥地利、韩国等已进入高等收入行列的国家，目前只在中央本级实施了中期预算，在严重依赖转移支付的地方政府实施中期预算还存在较大的难度。然而，如果地方政府的预算过度依赖于中央政府，缺乏本级政府的中期预算，可能导致"支出结构存在同一化现象，难以体现地域特点和差异化需求"。② 罗纳里·哈里·科斯（2013）认为，"制度变迁实际上是一个渐进而又危险的过程，充满了不确定性……如果制度在不同的地区表现差异很大，而制度多样性又是必要的话，多样性的流失很可能会成为一个严重甚至致命的问题，决定制度变迁成败的关键"。③

　　3. 成功实施中期预算必须具备稳定的政治经济格局

　　童伟（2008）发现，一些发展中国家虽然通过实施中期预算，在一定程度上提高了政府治理能力。然而部分发展中国家政局动荡，经济波动较大，导致这些国家的中期预算改革存在较大的困难。比如俄罗斯由于"税收法律处于变化的过程中，预算收入受国际经济环境影响较大，降低了中期预算的准确性和实施效率"。④ 虽然俄罗斯早在2007年就引入中期预算，但迫于经济危机一度暂停，直到2010—2012年预算周期才重新启动三年期滚动预算框架。⑤ 国际原油价格下跌导致俄罗斯经济与财政形势再度恶化，普京总统签署的《2016年

　　① 崔惠玉、周伟：《中期预算框架下完善我国财政收入体系的思考》，《税务研究》2016 年第 4 期。

　　② 王勇：《财政支持新农村建设效应机理与实证——以江西为例》，中国社会科学出版社 2011 年版，第 68 页。

　　③ ［英］罗纳里·哈里·科斯：《变革中国：市场经济的中国之路》，王宁、徐尧、李哲民译，中信出版社 2013 年版，第 78 页。

　　④ 童伟：《俄罗斯中期预算改革：原因、现状及趋势发展》，《俄罗斯中亚东欧研究》2008 年第 3 期。

　　⑤ World Bank, 2013, *Beyond the Annual Budget: Global Experience with Medium Term Expenditure Frameworks*, Washington, D. C.: World Bank, p. 224.

度联邦预算法案》① 不得不将三年期滚动预算框架调整为一年期。阿伦·威尔达夫斯基指出，"当价格发生重大和非预期变动时，以资金表示的预算的规模将发生很大的波动……同样明显的是……为实现稳定性，以数量为基础的预算恰恰成为其不稳定的主要原因"。② 世界银行（2013）认为，缺乏排除在中期预算审查外的公共收入与支出，比如依靠自然资源所获取的收入，尤其是预算外支出，对引入中期预算都造成了巨大的挑战。③

（二）关于中期预算实施效果的规范性研究

尽管实施有效的中期预算存在许多苛刻的约束条件，尤其部分发展中国家或者转型国家并不完全具备支撑中期预算正常运行的前提条件，但是大部分学者对实施中期预算持乐观态度，并对中期预算的实施效果进行了大量的规范性研究。

巴勒斯坦当选政府于 2005 年决定引入 MTEF，并将其作为强化年度规划和年度预算过程的拨款工具与机制，从而实现与国家发展战略规划的衔接。④ 世界银行（2013）发现，"国家发展规划与公共投资项目在确定主要发展问题与确定公共投资优先性的标准上具有比较优势，然而雄心多于实践，缺乏有效的资源约束，双重预算运行管理机制也成为其难以克服的障碍……中期预算框架在支撑更广阔的财政政策目标以及资源约束性方面具有比较优势，然而可能忽视私人部门对发展的贡献"。⑤ 如果中期预算能够扬长避短，与国家发展规划、公共投资项目实现有机衔接，至少可以从以下四个方面有效地提高政府的

① 俄罗斯的《2016 年度联邦预算法案》，是以 2016 年俄罗斯通胀率低于 6.4%、乌拉尔牌原油价格每桶 50 美元为基础制定的。

② ［美］阿伦·威尔达夫斯基：《预算与治理》，苟燕楠译，上海财经大学出版社 2010 年版，第 6 页。

③ World Bank, 2013, *Beyond the Annual Budget*: *Global Experience with Medium Term Expenditure Frameworks*, Washington, D. C.: World Bank, pp. 20 - 21.

④ Ministry of Planning and Administrative Development. 2013. *General Framework of Preparation of the National Development Plan* 2014 - 2016. Ram Allah: Ministry of Planning and Administrative Development, p. 3.

⑤ World Bank, 2013, *Beyond the Annual Budget*: *Global Experience with Medium Term Expenditure Frameworks*, Washington, D. C.: World Bank, p. 62.

治理能力。

1. 有利于国家战略发展目标的实现

在战略性支出优先次序的指导下，中期预算将宏观财政目标和约束转化为大致的预算总量和详细的支出计划①，不但能够有效克服年度预算的短期行为，而且还能优化政府宏观调控的职能。② 如果中期预算具有硬约束，促使传统的年度支出申请成为一个更加可持续的预算承诺，有利于为获得授权的相关职能部门提供更加可靠的预算资源与人力资源保障③，从而促进国家战略发展目标的实现。

2. 中期预算有利于降低财政风险

中期预算通过对公共预算跨期财政效应的估计，实现对未来需求的展示，有助于决策者意识到预算年度中所作出的决策在一个预算年度以后仍有影响，政策制定者可能会认为一系列给定的政策可能对预算年度是可行的，但却不是一个明智的决定。④ 中期预算促使政策制定者及时识别现行政策或未来政策的后果，有效地防范养老金风险与地方债务风险⑤，使得政府在追求经济可持续性⑥和财政可持续性⑦两个目标之间，比较从容地寻找动态最优解，从而为国家经济奠定一个良好的发展预期。

3. 有利于规范政府的行为，避免政府支出的随意性

吉斯特的研究区分了拨款"基数"和"增量"，将支出基数分为

① World Bank, 2013, *Beyond the Annual Budget: Global Experience with Medium Term Expenditure Frameworks*, Washington, D. C.: World Bank, p. 8.

② 许云霞:《美国联邦政府中长期预算运行机制及对我国的启示》,《山东社会科学》2015 年第 11 期。

③ World Bank Philippine Office, 2013, *Philippine Development Report—Creating More and Better Jobs*, Manina: World Bank Philippine Office, p. 207.

④ ［美］托马斯·D. 林奇:《美国公共预算》(第四版), 苟燕楠、董静译, 中国财政经济出版社 2002 年版, 第 6 页。

⑤ 黄严:《覆巢之下亦有完卵: 卢森堡公共财政可持续及其对中国的启示》,《公共行政评论》2014 年第 1 期。

⑥ Hansen S. C. , 2010, "A Theoretical Analysis of the Impact of Adopting Rolling Budgets, Activity – Based Budgeting and Beyond Budgeting", *European Accounting Review*, Vol. 20, No. 2, pp. 289 – 319.

⑦ Landolfo L. , 2008, "Assessing the Sustainability of Fiscal Policies: Empirical Evidence from Euro Area and United States", *Journal of Applied Economics*, Vol. 14, No. 2, pp. 305 – 326.

可控制部分和不可控制部分。① 童伟（2013）发现，俄罗斯在实施中期预算的改革过程中，将"义务支出"划分为现行义务和新批准义务。② 由于行之有效的中期预算要求必须形成更加严格的财经纪律③和可以量化的总额控制机制④，当工具设计不是过于复杂时，中期预算有利于避免主要的预算支出受到剧烈的冲击。⑤ Hawkesworth 等（2012）发现，曾饱受"拉美陷阱"折磨的智利政府，依靠引入中期绩效预算框架（MTPF），奇迹般地抵御了 2008 年国际金融危机的冲击。⑥

4. 有利于推进国家治理的法治化、现代化进程，提高政府治理的能力和水平

通过中期预算与预算稳定调节基金的协调机制，并且改良传统的预算程序，可以在一定程度上解决年度突击花钱的问题。阿伦·威尔达夫斯基坚信，"如果政府机构能够保留一部分资金以它们认为合适的方式使用，并且不会因为这一行为而受到削减下一年度预算的处罚，那么我们有理由相信他们会有动力将未使用的资金归还国库"。⑦ 赵早早（2014）认为，澳大利亚在中期部门预算框架（MTBF）的约束下，将大部分财政盈余资金用于化解政府债务规模和投入潜在风险

① ［美］杰克·瑞宾、［美］托马斯·D. 林奇：《国家预算与财政管理》，丁学东、居昊、王子林、吴俊培、王洪、罗华平译，中国财政经济出版社 1990 年版，第 81 页。

② 童伟：《俄罗斯政府预算制度》，经济科学出版社 2013 年版，第 263 页。

③ Burger P. and Marinkov M.，2012，"Fiscal Rules and Regime – Dependent Fiscal Reaction Functions：The South African Case"，*OECD Journal on Budgeting*，Vol. 12，No. 1，pp. 79 – 107.

④ 肖文东：《年度预算与中期预算：比较及借鉴》，《中央财经大学学报》2007 年第 12 期。

⑤ Bahl R.，Schroeder L.，1984，"The Role of Multi – Year Forecasting in the Annual Budgeting Process for Local Governments".*Public Budgeting and Finance*，Vol. 4，No. 1，pp. 3 – 13.

⑥ Hawkesworth I.，Melchor O. H. and Robinson，M.，2012，"Selected Budgeting Issues in Chile：Performance Budgeting，Medium – Term Budgeting，Budget Flexibility"，*OECD Journal on Budgeting*，Vol. 12，No. 3，pp. 147 – 185.

⑦ ［美］阿伦·威尔达夫斯基：《预算与治理》，苟燕楠译，上海财经大学出版社 2010 年版，第 119 页。

基金，为未来实现财政收支平衡奠定了良好的基础。[①] 部分 OECD 成员国以及新兴经济体与转型国家的政府，以引入中期预算为契机，进一步推动绩效预算改革[②]，构建服务型政府[③]，保障跨年度的预算项目顺利实施，从而使政府治理能力得到显著提高。

（三）关于中期预算实施效果的实证性研究

由于西方主要国家最晚从 20 世纪 90 年代便开始实施中期预算，加之政府的数据更加公开透明，为学者对中期预算实施效果进行实证分析提供了更好的研究条件。Zaleski 等（2004）运用 Hermin 模型，对波兰的贸易部门行为、工资率的确定、非贸易部门行为、公共部门支出进行了实证分析。[④] Beetsma 等（2013）运用"会计方法"（Accounting Approach），以欧盟成员国的数据作为研究对象，发现实施中期部门预算框架（MTBF）对减少预算赤字的修正弹性系数为 0.67，即中期部门预算框架可以显著改善政策制定者对财政规划过于乐观的估计。[⑤] 世界银行（2013）通过对中期预算框架的量化研究，认为"采用中期预算框架可以显著改善财经纪律，而且越是高级的阶段，所产生的影响越大"[⑥]，"当无须处理长期财政失衡造成的宏观经济不良后果时，政府便可以更加专注于应对提高支出效率所面临的微观经济挑战"。[⑦] Valicu 等（2014）选取 120 个实施中期预算改革的国家从

① 赵早早：《澳大利亚政府预算改革与财政可持续》，《公共行政评论》2014 年第 1 期。

② Hagemann R., 2011, "How Can Fiscal Councils Strengthen Fiscal Performance?", *OECD Journal: Economic Studies Volume*, Vol. 24, No. 1, pp. 75 - 98.

③ Franek S. R., 2010, "Multi - Year Budgeting as An Element of Institutional Reforms: The Experiences of European Union Countries Versus Its Present - Day State in Poland", *Transformation in Business and Economics*, Vol. 9, No. 2, pp. 418 - 431.

④ Zaleski J., Tomaszweski P., Wojtasiak, A. and Bradley, J., 2004, "A Methodology for Medium - Term Forecasting and Policy Analysis Based on the Polish HERMIN Model", *Wroclaw Regional Development Agency*, No. 9, pp. 1 - 27.

⑤ Beetsma, R., Bluhm, B., Giuliodori, M. and Wierts, P., 2013, "From Budgetary Forecasts to Ex Post Fiscal Data: Exploring the Evolution of Fiscal Forecast Errors in the European Union", *Contemporary Economic Policy*, Vol. 31, No. 4, pp. 795 - 813.

⑥ World Bank, 2013, *Beyond the Annual Budget: Global Experience with Medium Term Expenditure Frameworks*, Washington, D. C.: World Bank, p. 175.

⑦ Ibid., p. 8.

1990 年到 2008 年的相关数据，以动态面板工具分析了中期预算框架每个阶段对医疗支出变动率的影响。实证结果发现，中期预算框架每升级一个阶段，预算平衡将改善 2%。[①]

我国直到 2015 年才正式在全国实施中期财政规划，加之受限于相对低下的预算透明度，这在一定程度上导致了国内对中期预算的实证研究相对滞后。张晓娣（2013）利用世界银行的中期部门预算框架（MTBF），基于基准、"营改增"、财政扩张、经济增长率下降四种情景，预测并分析了中国 2012—2021 年的公共财政及债务状况。[②] 肖鹏（2014）发现，美国联邦预算的预测主要采用协议和单位成本方法以及时间序列法。[③] 马蔡琛等（2015）引用 Tverskey 和 Kahneman（1992）的经典价值函数，认为中期预算通过控制预算的总规模，可以有效地约束各政府职能部门之间对年度预算资金的无序竞争，并且提出在中期财政规划中应用基数法取代零基预算的决策方法。[④] 白彦锋（2015）运用多元线性回归等计量经济模型对我国中期收入（税收）进行预测，并且运用单位成本法、趋势线法、移动平均法、指数平滑法等计量经济模型对我国中期支出进行预测。[⑤] 谢姗等（2015）认为，中国财政收入具有 ESTAR 模型所描述的指数平滑转移特征，使用 ESTAR 模型对中期部门预算框架（MTBF）下的中国财政收入进行了预测，比普遍使用的线性 AR 模型具有更好的预测效果。[⑥]

---

① Valicu R., Verhoeven M., Grigoli F., Mills, Z., 2014, "Multi – year budgets and fiscal performance: Panel data evidence", *Journal of Public Economics*, Vol. 111, No. 2, pp. 79 – 95.

② 张晓娣：《基于世界银行中期预算框架的中国公共债务分析与风险评价》，载《市场经济与增长质量——2013 年岭南经济论坛暨广东经济学会年会论文集》2013 年。

③ 肖鹏：《美国政府预算制度》，经济科学出版社 2014 年版。

④ 马蔡琛、郭小瑞：《中期财政规划的预算决策行为分析——基于前景理论的考察》，《云南财经大学学报》2015 年第 1 期。

⑤ 白彦锋：《中期预算改革与我国现代财政制度构建》，中国财政经济出版社 2015 年版。

⑥ 谢姗、汪卢俊：《中期预算框架下我国财政收入预测研究》，《财贸研究》2015 年第 4 期。

第二节 关于中期预算与年度预算
衔接问题的研究

对于中期预算实施极为重要且必须解决的基础性与关键性问题，即中期预算与年度预算之间的衔接问题，目前，学术界的探讨尚不系统。随着世界上实施中期预算的国家逐渐增多，学术界对中期预算与年度预算结合方式存在的利弊也展开了更加深入的探讨，从而产生了对中期预算与年度预算之间衔接问题认识的争论。目前，学术界争议的焦点主要集中在解决方案的选择：一是将中期预算嵌入到年度预算（即"嵌入型"中期预算）；二是通过中期预算对年度预算进行严格约束（即"约束型"中期预算）。

一 关于中期预算嵌入年度预算的研究

对于"中期预算"的提法，国内外学者都展开了激烈的论战。除了中期预算框架（The Medium – Term Expenditure Frameworks，MTE-Fs）以外，目前学术界主要使用中期预算政策框架（The Medium – Term Fiscal Framework，MTFF）、中期财政支出框架（The Medium – Term Expenditure Framework，MTEF）、中期基础预算（The Medium – Term Basis Budget）等来描述"中期预算"。

桥本龙太郎就任日本首相后，于1996年12月推动国会通过《财政构造改革法》，确定实施多年期支出削减计划。小泉纯一郎上台后，于2001年6月通过《关于今后经济财政运营与经济社会构造改革的基本方针》（即"骨太方针"），实际开始正式实施 MTFF。日本财政部政策研究院的资深经济学家田中英明（2003）研究发现，日本所实施的 MTFF 中的"筹划"（Projection）并不是作为下一年预算谈判的"基数"（Baseline），它并不包含在每年12月末政府提交给国会预算申请的报告中。MTFF 只是国会审查年度预算的一份参考性文件，国

会对政府的 *MTFF* 只有建议权而无决策权。① 李三秀（2016）研究发现，菅直人政府组阁后于 2010 年正式提出 MTFF（2012 年安倍政府第二次组阁后将其更名为"中期财政计划"），建立"财政支出规模天花板"。然而，由于日本的 MTFF 始终没有形成对年度预算的法律约束力，导致其所建立的"财政支出规模天花板"在决算过程中总是被不断突破。②

罗伯特·黑勒的研究发现，德国的中期财政规划是由政府而非议会通过，议会对政府的中期财政规划仅享有知情权。由于中期财政规划只是粗略的方向性文件，中期财政规划对议会而言只具有信息功能，政府也没有充分利用其掌控支出服务。③

Ljungman（2006）认为，虽然政府与国会必须致力于实现自己的中期目标，但是 MTFF 并不是取代年度预算的多年期预算，而是一种加强年度预算质量的工具。MTFF 的主要作用，是对政府提请国会审议批准的年度预算中每一项拨款及其预期结果进行更加严谨的描述，对年度预算中存在的随意和不规范行为进行有效约束，从而确保中长期目标任务的完成。④

根据联合国教科文组织（2009）的研究报告，泰国的中期预算框架出现在其年度预算报告和国家管理规划中，被定义为"用于预测未来四年财政负担的规划工具"。⑤

Curristine 和 Bas（2007）认为，中期预算框架一般只是行政机关的规划文件。在拉丁美洲绝大多数国家，中期预算框架并不需要获得立法机关的授权。即使是年度预算的审批程序，这些国家的立法机关

---

① Tanaka H. , 2003, "Fiscal Consolidation and Medium – Term Fiscal Planning in Japan", *OECD Journal on Budgeting*, Vol. 35, No. 3, pp. 105 – 137.

② 李三秀：《日本中期财政框架考察》，《财政科学》2016 年第 4 期。

③ ［德］罗伯特·黑勒：《德国公共预算管理》，赵阳译，中国政法大学出版社 2013 年版，第 93 页。

④ Ljungman, G. , 2006, "The Medium – term Fiscal Framework in Sweden", *OECD Journal on Budgeting*, Vol. 6, No. 3, pp. 93 – 109.

⑤ UNESCO, 2009, *Education Financial Planning in Asia: Implementing Medium – Term Expenditure Frameworks — Thailand*, Bangkok: UNESCO Asia and Pacific Regional Bureau for Education, p. 12.

只是采取全盘通过或者全盘否决的方式，立法机关所发挥的作用十分有限。例如，在危地马拉，其立法机关几乎没有机会对本国行政机关的支出申请进行修正，而其他拉丁美洲国家的立法机关只能在不改变总赤字或总盈余的前提下，对政府各个部门的支出进行微调。①

Schiavo – Campo（2009）认为，"中期预算"这个提法在概念上和实践中都是不正确的。因为目前世界主要国家政府预算基础是年度预算，即使一些国家的支出项目是以多年期的方式提交立法机关进行审批，MTEF 在与年度预算进行衔接的过程中，除了应该充分地权衡预见性与弹性的关系，更应该明确地说明引入 MTEF 绝对不是用来替代良好的年度预算编制。无论一个国家是否实施 MTEF，良好的年度预算编制都应该从"自上而下"的程序开始，财政部都应该在每年提交给立法机关的预算申请中体现出包括预算核心部门与政府职能部门在内的支出限额。② 保加利亚现行的做法，是在正在执行年度预算的基础上，嵌入带有支出限额的三年期 MTFF，从而使年度预算编制过程具备了多年期预算的视角。③ 越南计划投资部利用中期财政支出框架作为一个基准，来衡量资源分配与公共服务供给的绩效，从而为其《综合跟踪调查项目》铺平道路。④ 立陶宛虽然在提交国会进行表决的预算文件中包含了未来三年期的总数据，然而国会对三年期的估计也不具有法律约束力。国会对政府投资项目的批准仍然以年度为基础，包含三年期的估计只是停留在筹划的层面。⑤

美国也在积极地探索中期预算约束力的问题。2004 年，美国国会通过了《财政政策责任法案》（*Fiscal Responsibility Bill*，FRB），该法

① Curristine, T. and Bas, M., 2007, "Budgeting in Latin America: Result of the 2006 OECD Survey", *OECD Journal on Budgeting*, Vol. 7, No. 1, pp. 83 – 118.

② Schiavo – Campo, S., 2009, "Potemkin Villages: 'The' Medium – Term Expenditure Framework in Developing Countries", *Public Budgeting and Finance*, Vol. 29, No. 2, pp. 1 – 26.

③ Hawkesworth, I., Emery, R., Wehner, J. and Saenger, K. . 2009. "Budgeting in Bulgaria", *OECD Journal on Budgeting*, Vol. 9, No. 3, pp. 133 – 183.

④ Ministry of Planning and Investment, 2011, *Public Expenditure Tracking Survey Manual*. Ha Noi: Ministry of Planning and Investment. p. 11.

⑤ Hawkesworth, I., Emery, R., Wehner, J. and Saenger, J., 2010, "Budgeting in Lithuania", *OECD Journal on Budgeting*, Vol. 10, No. 3, pp. 79 – 114.

案对 MTEF 预算过程的预见性作出了如下规定："预算不仅仅是草拟愿望清单，包含在拨款法案中的项目和筹划必须得到执行……公民社会与其他非政府组织都应该参与到预算编制过程中。"① 但是，美国联邦政府并不会将其编制的多年期预算全部提交国会，各个政府职能部门只是将多年期预算提交给白宫的管理与预算办公室。只有联邦政府认为其中一些"重要"项目的多年期预算需要得到国会的授权，规避该项目在每年的年度预算过程中遭到削减甚至取消的风险，才会需要提交国会通过或者对政府授权，从而形成具有法律约束力的"法定支出"或授权性支出。②

关于中期基础预算的约束力，王雍君（2011）认为，其主要体现在预算限额（或者是支出限额）上，即预算限额必须在中期的基础上制定和实施。预算限额不仅构成对预算编制的财政资源的总量约束，而且对整个预算执行过程都具有很强大的约束力，并在此基础上提高配置效率和技术效率。单独建立运作与年度程序不同的程序，既没有必要，也会损害年度预算机制的运作。③ 我国现行的 MTFP（中期财政规划）下的预算改革，只是将年度预算的准备置于中期宏观经济和政策展望之下，而并不是把年度预算转换为"中期预算"。④ 谢林（2015）认为，预算申请者的压力使得预算限额仍可能被突破，因此建议对支出、赤字和政府债务建立量化的预算约束基准。⑤

二 关于中期预算对年度预算约束机制的研究

桑贾伊·普拉丹认为，通过制定法律来限制支出和为赤字融资的借款，削减预算申请者提出的过度要求，有利于强化中央政府在中期

① The Law Library of Congress, 2007, *Global Legal Monitor*, The Law Library of Congress, No. 2, p. 8.
② Boex, J., J. Martinez - Vazquez and R. McNab., 1998, "Multi - year Budgeting: A Review of International Practices and Lessons for Developing and Transitional Economies", *Public Budgeting and Finance*, Vol. 20, No. 2, pp. 91 - 112.
③ 王雍君:《中国公共预算改革:从年度到中期基础》，经济科学出版社 2011 年版，第 4、111、206 页。
④ 王雍君:《中期财政规划下预算改革:破解公款迷局》，网易财经（http://money. 163. com/15/0123/10/AGKTF0J400254TFQ. html），2015 年 1 月 23 日。
⑤ 谢林:《引入中期基础预算:进程评述与展望》，《地方财政研究》2015 年第 3 期。

预算框架的约束力。① 张晋武（2001）认为，欧美国家已经不存在纯粹的年度预算，多年期预算通过法律的形式已经成为正式预算过程的组成部分，预算科目已经基本相同。他建议通过《预算法》明确多年期财政计划的法律地位及其对年度预算的约束力②。陈晓荣（2003）建议，多年预算改革可采取"两步走"的方法，即先建立多年预算编制制度（中长期财政计划），然后通过修订《预算法》相关条款，赋予多年预算的法律效力。③

国际货币基金组织（2004）认为，MTEF 是加强年度预算编制过程的一个重要因素，因此应启动对 MTEF 立法程序，其法律地位等同于所有与预算相关的法律，并以此来保障其对政府的问责机制。④ Fölscher 和 Cole（2006）发现，南非在联邦与州政府实施三年期的滚动预算支出规划，立法机关制定新的财政法案，将 MTEF 作为预算改革与框架的核心，MTEF 从准备和提交、审批、实施到审计的全部流程与年度预算保持同步进行，强化政策优先性与公共支出优先性的联系，不但在实施 MTEF 的第一年（1998—1999 财年）便削减了将近 2% 的冗余支出，而且还促进了扶贫与经济服务项目的支出保持均衡。⑤

李燕（2007）认为，中期预算本身的职能就要求它必须获得约束年度预算的地位，因此中期预算应该成为对年度预算具有法定约束力的指导预测性收支计划表，从而发挥衔接各个年度预算并使其符合国民经济发展规划的作用。⑥ 王蕴、王元（2009）认为，应通过《预算法》明确中长期预算的法律地位及其对年度预算编制和调整的约束

---

① 桑贾伊·普拉丹：《公共支出分析的基本方法》，蒋洪、魏陆、赵海莉译，中国财政经济出版社 2000 年版，第 172 页。

② 张晋武：《欧美发达国家的多年期预算及其借鉴》，《财政研究》2001 年第 10 期。

③ 陈晓荣：《多年预算制度浅析》，《改革》2003 年第 6 期。

④ IMF, 2004, *Mid – Term Development Strategy of Bosnia and Herzegovina（PRSP）2004—2007*, Washington, D. C.：IMF Country Report, No. 04/114, No. 4, p. 47.

⑤ Fölscher, A. and Cole, N., 2006, "South Africa：Transition to Democracy Offers Opportunity for Whole System Reform", *OECD Journal on Budgeting*, Vol. 6, No. 2, pp. 1 – 37.

⑥ 李燕：《编制中期预算是财政规范化管理的重要举措》，载马骏主编《"国家治理与公共预算"国际学术研讨会论文集》，中国财政经济出版社 2007 年版，第 277—286 页。

力，使年度预算安排与中长期预算紧密结合。①

国际货币基金组织（2012）对 MTEF 的约束力表示了极度担忧，认为由于 MTEF 中只有年度预算部分得到立法机关的批准具有法律约束力，而筹划的部分并不具备法律约束力，这将损害 MTEF 的可预见性。其连锁效应也会发生在政府采购与资金规划上，从整体上弱化了预算执行，导致年度预算执行难以与 MTEF 保持一致。② 世界银行（2013）认为，中期预算框架（MTEFs）最终将取代传统年度预算的编制方法，即预算编制必须考虑到中期，从而超越年度预算的限制，使实现公共支出管理的三个高层次目标（总额财经纪律、配置效率和技术效率）成为可能。③

李俊生（2013）认为，美国联邦政府的债务就像一个癌细胞一样，将无情地侵蚀美国的经济。④ 因此，李俊生（2014）建议，中国未来的预算改革，应通过改善政府部门的受托责任、财政透明度以及预算可预见性等，从而保障中期财政支出框架的约束力。⑤

罗伯特·黑勒发现，德国已逐渐意识到其中期财政规划缺乏约束力可能产生的问题。为了控制政府债务规模，德国依据《基本法》与《欧洲稳定与增长公约》的要求，规定从 2020 年开始，联邦政府只保留很少的新增债务，各州不得再举借新债。通过制定一部定期更新的《财政政策框架法》，有利于强化议会的预算权。因为，如果中期财政规划必须经过议会批准，那么中期财政政策规划将从目前的政府规划工具上升为对重要的政治优先次序的反映，进而强化其法律约束力。⑥

---

① 王蕴、王元：《建立与经济周期相适应、与中长期规划相衔接的国家中长期预算框架》，《经济研究参考》2009 年第 27 期。

② International Monetary Fund, 2012, *Liberia: Public Expenditure and Financial Accountability* (PEFA) *Assessment*, IMF Country Report No. 12/273, No. 9: pp. 9, 42.

③ World Bank, 2013, *Beyond the Annual Budget: Global Experience with Medium Term Expenditure Frameworks.* Washington, D. C.: World Bank, pp. 7 – 8.

④ 李俊生：《美国财政悬崖根源、措施及影响》，《中国市场》2013 年第 3 期。

⑤ 李俊生：《构建具有约束力的财政中期财政支出框架》，《中国财经报》2014 年 1 月 4 日。

⑥ ［德］罗伯特·黑勒：《德国公共预算管理》，赵阳译，中国政法大学出版社 2013 年版，第 95 页。

　　韩国各个政府职能部门所编制的五年期中期项目规划一般在每年1月底提交国会,通过《预算法案》保证其严格的法律约束力。① 卢真、陈莹(2015)发现,澳大利亚虽然只有年度预算经过议会批准,具有直接的约束性,但是,由于《预算诚信章程》《总审计长法》《档案法》《公共服务法》等一系列法律强化了中期滚动预算的法律约束力,相比于其他国家而言,澳大利亚完全公开透明的中期滚动预算,对政府决策和各部门间的预算竞争仍然起到重要的制约作用。②

　　王宏武(2015)认为,如果中期预算缺乏控制支出的约束力,将会导致年度预算限额形同虚设,中期预算将失去赖以存在的基础。③ 刘尚希等(2015)认为,河北省2008—2013年的滚动预算试点没有严格的法律审批程序,只是政府内部的指导性计划,法律效力和约束力较弱。因此,建议提升中期财政规划的法律地位,促使中期预算与年度预算相衔接。④

　　白彦锋(2015)发现,欧盟虽然以是否实施中期预算作为加入欧盟的前提条件之一,并在《马斯特里赫特条约》和《稳定和增长条约》中规定其成员国必须遵守有关赤字与债务的标准,然而这些规定并没有强大的法律约束力。例如,作为欧盟最重要的两个成员国——德国与法国,甚至在2004年带头违背一般预算赤字不得超过3%的承诺,最后却不了了之。⑤ 任彦(2015)认为,形同虚设的财经纪律,纵容了希腊等欧盟成员国的政府无视政府财力而去兑现高昂的政府承诺,国内生产总值占全球25%的欧盟福利开支却占全球50%,福利

---

　　① Ministry of Strategy and Finance, 2014, *The Budget System of Korea*, Seoul: Ministry of Strategy and Finance, p. 88.

　　② 卢真、陈莹:《澳大利亚政府预算制度》,经济科学出版社2015年版,第160、216页。

　　③ 王宏武:《澳大利亚中期预算和绩效预算管理的启示》,《财政研究》2015年第7期。

　　④ 刘尚希、韩凤芹、张绘:《从政府治理看中期财政规划——基于河北省的经验与教训》,《学术研究》2015年第12期。

　　⑤ 白彦锋:《中期预算改革与中国现代财政制度构建》,中国财政经济出版社2015年版,第119—120页。

制度成为引爆欧洲主权债务危机的罪魁祸首。[①]

三 关于中期预算与年度预算衔接问题的其他研究

部分发达国家和发展中国家曾对构建具有法律约束力的中期预算进行了实践探索，结果由于改革条件不具备而遭遇巨大的改革挫折。为了消除因混乱的预算程序（年度预算周期长达33个月）而产生的大量繁重工作，美国前副总统戈尔、前总统小布什、美国众议院规则委员会曾先后建议联邦政府仿效部分州政府的做法，以两年期的预算取代年度预算。其中，戈尔副总统于1993年作了《从繁文缛节到结果导向：创建一个花钱少、工作好的政府》的报告（又称"戈尔报告"），为美国联邦政府实施两年期的预算提出了十分详细的草案。[②] 由于美国国会参议院与众议院拨款委员会一直反对，担心这项改革不但会进一步削弱立法机关对行政机关的监督，而且可能阻碍预算制度对新情况的快速反应，因此编制两年期的预算法案始终未能获得通过。[③]

罗伯特·黑勒对德国构建具有法律约束力的中期预算表示忧虑。罗伯特·黑勒认为，由于缺乏可资利用的、必要的详尽预测，中期规划不可能像预算中的评估那样详尽而有意义。[④] Blöndal（2010）研究发现，菲律宾曾经在1999年雄心勃勃地设计出多年期支出限额，并将其提请议会进行审议批准，而不是只将其作为一个支持年度预算过程的分析工具，结果因为议会经常全盘否决政府预算而惨遭失败。到2006年决定再次将其引入时，菲律宾不得不将其降级为一个支持政府部门编制年度预算的分析工具，才勉强保证其运行到现在。[⑤]

面对中期预算与年度预算各自存在的利弊，学术界与业界开始总

---

① 任彦：《欧盟高福利拖累竞争力》，《人民日报》2015年8月21日。

② Gore, A, A., 1993, *From Red Tape to Results: Creating a Government That Works Better and Costs Less*, *Report on the National Performance Review*, New York: Time Books.

③ ［美］小罗伯特·D. 李、［美］罗纳德·W. 约翰逊、［美］菲利普·G. 乔伊斯：《公共预算制度》（第七版），扶松茂译，上海财经大学出版社2010年版，第40—43页。

④ ［德］罗伯特·黑勒：《德国公共预算管理》，赵阳译，中国政法大学出版社2013年版，第95页。

⑤ Blöndal J. R., 2010, "Budgeting in Philippines", *OECD Journal on Budgeting*, Vol. 10, No. 2, pp. 53 – 74.

结预算改革实践的经验教训，为构建更合理的中期预算与年度预算衔接机制寻找一个更好的切入点。马骏（2005）建议，立法机关应逐渐放松外部控制，转而与行政机关签订一个《绩效合同》，使其更多关注于预算的总额控制以及结果，具体实施规则由行政机关自行决定，行政机关承担相应的管理责任。① 李燕等（2009）认为，中期预算与年度预算并不是相互排斥的。年度预算是中期预算的起点和基础，而中期预算使年度预算更加明智和高效。两种预算编制的结合将更加符合经济社会的发展趋势。②

关于对发达国家的研究，Steger（2010）认为，奥地利在构建预算硬约束下的中期财政支出框架上取得了突破性进展。一方面，奥地利让立法机关、预算部门、政府职能部门、审计机关、司法机关、专家学者等所有中期财政支出框架的利益相关者共同协商制定 MTEF。包括：（1）将行政程序的透明度作为立法机关对政府支出绩效考核的主要依据；（2）行政机关在预算准备与执行中有更多的弹性；（3）联邦法院的大法官在绩效预算中处于监督地位，从而保证 MTEF 获得大部分相关利益者的有力支持。另一方面，奥地利将支出限额划分为两个部分，名义的固定支出限额占75%，剩余的可变支出限额主要依据经济周期所设计的参数进行调整，从而在预算硬约束的前提下降低 MTEF 陷入部分发展中国家曾遭遇的过度僵化的风险。③

关于对发展中国家的研究，Burger 和 Marinkov（2012）总结出了中期预算与年度预算的衔接机制采取"固定弹性型"（Anchored Flexibility）的"南非模式"，即允许在形式上保持有弹性的财经纪律以实现经济的稳定性，但在本质上仍然要优先维护财政的可持续性，从而更好地实现中期预算与年度预算两种预算机制的目标。意识到教育落

① 马骏：《中国公共预算改革理性化与民主化》，中央编译出版社 2005 年版，第 136 页。

② 李燕、白彦锋、王淑杰：《中期预算：理念变革与实践》，《财贸经济》2009 年第 8 期。

③ Steger G.，2010，"Austria's Budget Reform: How to Create Consensus for a Decisive Change of Fiscal Rules"，*OECD Journal on Budgeting*，Vol. 10，No. 1，pp. 7 – 20.

后是贫困的根源，南非联邦政府在 2010 年推出全面提高教育质量的
《2014 年行动计划》，以保证每年教育经费的增长，其中 2011 年的教
育预算经费投入达到 1650 亿兰特，比 2010 年增加了 11%。①

第三节　文献评述与研究目标

一　文献评述

（一）对中期预算与年度预算衔接问题的探讨尚不系统

对于构建预算资源投入约束机制，从目前的理论探索以及世界各
国的实践经验来看，中期预算都是较好的选择。中期预算虽然具有诸
多好处与优势，但同时也对实施条件提出了较高的要求。中期预算不
仅在政策层面要求中长期内宏观经济形势相对平稳，中长期财政收支
可以较为准确地进行预测，宏观经济政策及财政政策相对稳定明确，
同时在技术层面还要求与年度预算实现良好的衔接与互动。虽然对于
中期预算的必要性、约束条件与实施效果，国内外已有众多学者进行
了相关研究。但是对于实现中期预算与年度预算之间的衔接问题，目
前学术界的探讨尚不系统，甚至主流学者对中期预算的概念体系的认
识仍然模糊不清。本书通过对现有文献的整理，发现学术界的争议主
要集中在两个方面：一是主张将中期预算嵌入到年度预算（即"嵌入
型"中期预算）；二是主张中期预算对年度预算进行严格约束（即
"约束型"中期预算）。

（二）"嵌入型"中期预算存在巨大的隐患

"嵌入型"中期预算缺乏足够的法律约束力，在制度上存在巨大
的隐患。虽然世界上大多数国家都在试图实施符合本国国情的中期预
算改革，但是部分国家的中期预算未能解决与年度预算进行有机衔接

---

① Burger, P. and Marinkov, M., 2012, "Fiscal Rules and Regime – Dependent Fiscal Re-
action Functions: The South African Case", *OECD Journal on Budgeting*, Vol. 12, No. 1, pp.
79 – 107.

的问题，结果未能实现预算改革的初衷，甚至在一些发达国家还因此而酝酿出巨大的政府债务危机①，包括已经实施中期绩效预算框架的芬兰正面临着巨大的政府债务压力。② 欧洲主权债务危机和美国"财政悬崖"之所以爆发，一个重要因素就是缺乏中期预算与年度预算联动机制约束与指导跨年度预算平衡机制，导致政府预算陷入凯恩斯主义的"魔咒"。在克林顿总统执政时期，美国从 MTFF 升级到 MTBF，然而却在小布什总统执政期间再次降级为 MTFF。国会授权政府所形成的大量法定支出（Off - Budget），使联邦政府的预算限额形同虚设，中期预算框架的约束力已经基本丧失，成为诱发 2008 年的世界经济危机与 2012—2013 年联邦政府"财政悬崖"的重要因素，欧盟主权债务危机也是因为其各成员国预算的软约束所造成。

本轮世界经济危机的爆发使一些学者逐渐意识到，虽然看似尽善尽美的西方预算制度基本解决了预算资金管理中的合规性问题，但如果只将中期预算作为年度预算的一种辅助性或参照性工具，中期预算难以对年度预算形成有效的约束机制。这也正是西方各国的支出上限总是会不断地被政府突破的重要原因之一。威尔达夫斯基认为，"不只是在美国，整个西方世界都在尽最大的努力控制公共支出，然而没有一个成功"③，"当国会的行为更像倡导者而非监护人，当没有一个主要机构参与者愿意保护财政部时……支出作为 GDP 的一部分保持绝对上涨"。④ 尤其中期预算对年度预算约束机制的缺失，可能会增加下一轮经济危机和"财政悬崖"爆发的风险及其对实体经济的破坏力。由于我国现行的年度预算存在"硬预算软约束"的问题，盲目效法美国引入"嵌入型"的中期预算框架或者中期预算，可能将会给我国的政治经济带来更大的隐患。

---

① 根据欧洲统计局 2015 年第二季度的数据，希腊、意大利、葡萄牙的政府债务比例分别为 167.8%、136%、128.7%。

② 根据欧洲统计局 2015 年第二季度的数据，芬兰政府债务比例环比增长 2 个百分点。

③ ［美］阿伦·威尔达夫斯基：《预算：比较理论》，苟燕楠译，上海财经大学出版社 2009 年版，第 209 页。

④ 同上书，第 218 页。

（三）中期财政规划难以对具有法律约束力且刚性增长的年度预算进行有效约束

2008 年国际金融危机爆发后，为抵御国际经济环境的不利影响，我国政府曾实施了大规模的公共投资以刺激经济复苏。然而大规模公共支出所产生的副作用，也对我国当前的国家治理能力与治理体系构成了巨大的挑战。在此背景下，一方面，我国于 2014 年在修正的《预算法》第 12 条第 2 款提出"各级政府应当建立跨年度预算平衡机制"，希望借此盘活沉淀的财政资金，以应对下行风险日益加大的实体经济；另一方面，国务院在国发〔2015〕3 号文件明确提出"中期财政规划是中期预算的过渡形态"，要求"强化财政规划对年度预算的约束性"。

目前主流学者对中期预算的概念认识存在严重分歧，部分学者甚至混淆了中期预算与跨年度预算平衡两种截然不同的预算机制。跨年度预算平衡机制的主要功能是为了盘活沉淀的财政资金，但如果跨年度预算平衡机制缺乏年度预算与中期预算进行有效制约，其可能会"进一步弱化人大或公众对政府预算的监督，从而弱化对政府收支行为的约束作用"。①

在现有的法律背景下，我国现行的中期财政规划在实际执行中，难以对具有法律约束力且刚性增长的年度预算进行有效约束。年度预算是依据《预算法》由中央与地方的本级人大批准实施，具有更强的法律效力。而中期财政规划只是中央与地方各级政府的规划或政策。由于下位法的中期财政规划无权对上位法的年度预算形成约束机制，中期财政规划所制定的目标只能具有预期性而不具备约束性。如果强行构建对年度预算具有法律约束力的中期预算，可能会使中期预算改革遭遇巨大的改革阻力，并可能因此增加改革结果偏离改革目标的风险。我国未来的预算改革仍然面临着许多不确定的因素。

二 研究目标

（一）对公共预算理论的研究不应该局限于某一学科

要从全面性、全局性的观点来深刻认识公共预算理论，避免以偏

① 邓淑莲：《跨年度预算平衡机制与中期预算框架是否是一回事》，《财政监督》2015年第 5 期。

概全。国内外学者从自身所掌握的理论及政策优势出发，主要分别从政治学、经济学、管理学等学科的角度，对公共预算的问题进行了比较深入的研究。然而，财政问题不仅是经济问题和管理问题，而且是政治问题和社会问题，更是国家治理和国家兴旺发达的命脉所系。唐朝宰相杨炎认为："财赋者，邦国大本，而生人之喉命，天下治乱重轻系焉"。亚当·斯密称，财政乃"庶政之母"。王者之政，莫急于盗贼；民主之政，莫急于控制政府。目前国内外主流财政学界把财政学视为经济学的一个分支、单纯使用经济学的范式来分析政府财政问题的做法，是导致目前主流财政学理论缺乏对现实财政问题解释力、对中长期财政问题缺少预测能力的主要原因。

2008年国际金融危机的爆发，引发了人们对财政在整个国家治理能力和治理体系现代化中特殊重要性更加深入的思考。党的十八届三中全会《决定》明确提出："财政是国家治理的基础和重要支柱，科学的财税体制是优化资源配置、维护市场统一、促进社会公平、实现国家长治久安的制度保障。"党的十八届五中全会在《中共中央关于制定国民经济和社会发展第十三个五年规划的建议》（以下简称党的十八届五中全会《决定》）进一步提出："建立全面规范、公开透明预算制度，完善政府预算体系，实施跨年度预算平衡机制和中期财政规划管理。"预算作为财政的核心，随着对财政认识的不断深化，政府预算不再只是作为国民经济和社会发展的资金计划，而且更重要的是作为"国家治理的基础和重要支柱"。因此对公共预算理论的研究，不应该局限于政治学、经济学、管理学中的某一学科，避免陷入"管中窥豹"的认识陷阱。

（二）须进一步丰富对中期预算与年度预算衔接问题的理论研究

本书从理论研究和制度设计上进一步丰富对中期预算与年度预算衔接问题的理论研究。目前，学术界对实施中期预算的必要性进行了大量的研究，部分学者对实施中期预算提出了自己的见解。遗憾的是，由于中国自身特殊复杂的国情，现有理论尚未完全厘清中国的中期预算与年度预算在预算管理中的功能和作用，导致如何实现中期预算与年度预算两种预算机制衔接问题的研究仍然比较薄弱。其中最大的问题，是国内外部分学者的研究未能将中期预算与年度预算视为一个有机的整体，存在割裂中期预算与年度预算关系的风险，缺乏对中期预算与年度预算联动机制系统深入研究，导致当前的预算理论难以有效地指导中国政府的中期预算改革。

本书的主要研究目标之一，便是试图梳理中期预算与年度预算衔接问题，否则中期预算可能只能停留在财政部门规划层级。鉴于"嵌入型"中期预算和"约束型"中期预算两种方案对解决中期预算约束力的问题，均不同程度地存在针对性不够、约束力不强的局限性，本书提出了中期预算与年度预算联动机制（即"联动型"中期预算）的构想。探寻建立科学可行的中期预算与年度预算联动机制，并对中期预算与年度预算的关系在法律上加以进一步明确，使中期预算对年度预算具有必要的约束力，不但可以保障中期预算的成功实施，而且可以有效克服年度预算存在的不足，从而实现整个预算管理体制改革的目标。

（三）要为中期预算与年度预算联动机制的形成创造有利的保障条件

健全和运转高效的组织机构，是中期预算与年度预算实现联动的基本保障。部分学者提出了建立统一的预算核心机构的政策建议，为研究中期预算与年度预算联动机制的保障机制提供了很好的切入点。然而仅仅依靠行政机关建立统一的预算核心机构是远远不够的，成功的政治经济体制改革必须符合国家的实际情况。北宋后期，以王安石为首的改革派曾经在宋神宗有力的支持下，对国家预算体系进行了顶层设计，将过去分别分散到户部司、盐铁司、度支司的宏观经济政策职能、国营事业职能、财税事务统一到制置三司条例司，然而这场改革却以失败告终。本书提出的以体制机制和政策创新为原动力，推动国民经济和社会发展五年规划、全国人大的五年立法规划与中期预算，在时间、目标、任务、体制机制和政策等方面相互衔接，不仅在实践中有利于实现中期预算与年度预算的科学有机联动，而且对于探索构建我国国家规划管理现代化体系也具有重要的理论意义。

第三章　理论基础

本章主要是通过对年度预算与中期预算的相关理论进行梳理。鉴于中期预算与年度预算都存在各自的优势与不足，因此有必要实现中期预算与年度预算两种预算机制的耦合。

第一节　公共选择理论

公共选择是政府预算过程的本质。预算是民众表达自身期望与意愿的工具，也是利益集团之间相互博弈的工具①，因此有必要对公共选择理论的两个重要理论——投票理论与利益集团理论进行梳理与探讨。

一　投票理论

（一）投票规则的选择

1. 一致通过规则

维克赛尔（1896）在《财政理论考察——兼论瑞典的税收制度》中为公共选择理论做出了两个贡献。一方面，他尖锐地批评了经济学家普遍接受的假设——将政府模式化为一个仁慈的君主；另一方面，他认为由于所有人都能通过公共品的提供获得收益，每一件公共品应由一项独立的税收来融资，因此提供公共品的投票规则应该坚持全体

---

① 王雍君、张拥军：《政府施政与预算改革》，经济科学出版社 2006 年版，第 13 页。

一致同意的原则。① 萨缪尔森（1954）在《公共支出的纯理论》的论文中推导出公共品达到帕累托效率的萨缪尔森条件。② 一致通过规则虽然是唯一满足帕累托效率的公共物品供给数量与征税额度，但是现实世界中人们之间的偏好存在显著的差异，一致通过规则可能会造成"只损害少数人利益，却可以改善大多数人利益"的规则难以获得一致通过。因此一致通过规则一般只适用在投票人数较少的情况，例如联合国安全理事会的五个常任理事国所享有的"一票否决权"。

2. 多数通过规则

詹姆斯·布坎南在《同意的计算》中受维克赛尔思想的影响，强调宪法改革之路应将多数裁定原则向更多数裁定原则改进。然而。詹姆斯·布坎南在《公共财政与公共选择——两种截然对立的国家观》中开始意识到，将多数裁定原则向更多数裁定原则改进的宪法改革之路的努力可能会遭到失败。③ 一方面，在任何一个分配问题中，多数裁定原则都会出现相似的"循环性投票"，"循环性投票"过程中无法保证那些最需要财政帮助的人或集团的境况得到改善；④ 另一方面，"民主制度好像无力控制本身被滥用……民主政体抛弃财政谨慎的普通原理似乎是不负责任的财政最明显的原因"。⑤ 希腊政府债务危机爆发的一个重要原因，就是占有多数的中低收入阶层掌握选票的力量，然而他们在累进税制下只承担很少的税收负担，"一方面是要求转移支付，另一方面又抵制税收"。⑥ 因此，大多数民主国家一般倾向于宁可减税，也不愿意削减公共支出，结果是原先设定的财经纪律原则很容易被政府一再突破。

---

① ［英］丹尼斯·C. 缪勒：《公共选择理论》（第3版），韩旭等译，中国社会科学出版社2011年版，第75页。

② Samuelson, P. A. , 1954, "The Pure Theory of Public Expenditure", *The Review of Economics and Statistics*, Vol. 36, No. 1, pp. 1 - 29.

③ ［美］詹姆斯·C. 布坎南、［美］理查德·A. 马斯格雷夫：《公共财政与公共选择——两种截然对立的国家观》，类承曜译，中国财政经济出版社2000年版，第20页。

④ 同上书，第92页。

⑤ 同上书，第17—18页。

⑥ 同上书，第157页。

（二）投票悖论

法国思想家孔多塞首先提出了"投票悖论"，即"孔多塞悖论"。在民主国家，由于人们对执有一张选票的价值偏好强度不同，尽管公民个人买卖选票属于违法行为，但是法律却无法禁止人们做出"你投我所偏爱的议案一票，我也投你所偏爱的议案一票"的行为，由此可能会产生民主投票的设计规则失灵，陷入"循环性投票"，甚至出现"互投赞成票"和"博尔达计票"的后果。

1. "循环性投票"

由于人们偏好不同，投票规则的改变可能会产生不同的投票结果，出现循环投票的现象。戈登·塔塔克1959年的研究发现，假设存在甲、乙、丙三个选民，他们需要对 A、B、C 三个项目中其中一个做出选择。为了满足偏好的单调性假设，假设甲的偏好是 A > B > C，乙的偏好是 B > C > A，丙的偏好是 C > A > B。如果投票规则的制定者改变对三个项目的投票次序，可能会产生不同的投票结果（见图3 - 1）。

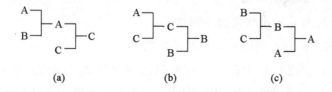

图3 - 1　"循环性投票"示意

在图3 - 1（a）中，选民首先对项目 A 和项目 B 投票，项目 A 胜出。其次选民对先前胜出的项目 A 和项目 C 再进行投票，结果项目 C 胜出。同理，在图3 - 1（b）和图3 - 1（c）中分别是项目 B 和项目 A 胜出。即最后参与投票的项目有更高的获胜概率，结果陷入"循环性投票"的窘境。

2. "互投赞成票"和"博尔达计票"

罗尔斯在《正义论》中提出了"无知的面纱"（veil of igno-rance），认为正义的原则是在"无知之幕"后被选中的，这可以保证任何人在原则的选择中都不会因自然的机遇或社会环境中的偶然因素得益或受害。① 在此基础上，罗尔斯进一步提出处在原始状态下的人们必须遵循的两个原则：（1）平等地分配基本权利和义务；（2）社会和经济的不平等（例如财富和权力的不平等）只有在其结果能给每一个人，尤其是那些最少受惠的社会成员带来补偿利益时，它们才是正义的。②

然而在上述的民主投票设计规则中，如果投票规则的制定者事先掌握了人们的偏好，即违背罗尔斯"无知的面纱"的前提假设，就可以蓄意通过改变投票的规则来影响投票的结果，导致"互投赞成票"甚至"博尔达计票"的后果。通过对上述例子的条件进行修正，假设存在甲、乙、丙三个选民，他们需要对 A、B、C 三个项目中的两个做出选择。如果选民甲和选民乙不希望自己更偏爱的项目 A 和项目 B 被否决，他们就可以暗中结成联盟，对彼此的项目"互投赞成票"。由于选民甲和选民乙结成联盟导致选民丙的利益受到损害，从而形成了"博尔达计票"的结果，即"多数人的暴政"。

二 利益集团理论

（一）利益集团理论的早期研究

在国外，利益集团最早是政治学的研究对象。詹姆斯·麦迪逊在《联邦党人文集》第十篇《旨在抑制派别之争的联邦的规模和类型》中首次提到"派别"（即利益集团）的概念。西奥多·洛伊对利益集团的危害进行了阐述；对此，麦迪逊主张依靠一个利益集团的"野心"与另一些利益集团的"自私倾向"相互对立的办法来使"利益集团的祸害"受到遏制。亚瑟·本（1908）与戴维·杜鲁门（1951）作为多元主义集团理论的奠基人，认为多元利益集团的存在本身就是民主的一种形式，是美国民主固有的特征，不是坏事。在国内，"既得利益"最早是由毛泽东在《陕甘宁边区政府第八路军后方留守处布

---

① ［美］约翰·罗尔斯：《正义论》（修订版），何怀宏、何包钢、廖申白译，中国社会科学出版社 2009 年版，第 10 页。
② 同上书，第 12 页。

告》中提出；而"既得利益者"这个概念历史上首次由共产党的理论家胡乔木提出，是指在改革开放前，原计划经济体制下受益的群体。

（二）20世纪六七十年代对利益集团理论的研究

曼瑟尔·奥尔森系统地分析了利益集团的形成及其内部运作。首先，他提出了利益集团存在所必备的基本条件，包括较少的人数及"选择性激励"；① 其次，他提出了"分利联盟"理论，并对分利联盟存在的负面影响进行了分析：不仅会降低社会效率和总收入②，而且会造成"制度僵化"。③ 布坎南认为，当政府机构必须行使职能时，这些机构最好的选择就是能代表支持自己的集团的利益。④ 诺斯、戴维斯等在《西方世界的兴起》中基于经济史的视角，对利益集团之间的博弈对经济制度变迁的影响进行了研究，认为制度演进的方向与一个社会中利益集团之间的博弈过程和结果相关。与早期政治学家的研究结果不同的是，诺斯等提出了"压力集团"的概念，认为只有强势利益集团才有力量对政府形成压力，以各种手段获得政府的支持，包括扶持自己的利益代理人上台等。

（三）当代对利益集团理论的研究

1. 国外研究

关于对既得利益集团影响的研究，Kwon和Reich（2005）认为，被既得利益集团支持的韩国卫生保健系统市场化和私有化改革恶化了韩国的政治和经济环境；⑤ Esteban和Ray（2006）指出，"由于扇形生产线的信息主要被生产部门既得利益者所掌握，他们可以游说政府

---

① ［美］曼瑟尔·奥尔森：《集体行为的逻辑》，陈郁、郭宇峰、李崇新译，格致出版社、上海三联书店、上海人民出版社2014年版，第57页。

② ［美］曼瑟尔·奥尔森：《国家兴衰探源——经济增长、滞胀与社会僵化》，吕应中、陈槐庆、樊栋、孙礼照译，商务印书馆1999年版，第52—53页。

③ ［美］曼瑟尔·奥尔森：《权力与繁荣》，苏长和、嵇飞译，世纪出版集团、上海人民出版社2005年版，第73页。

④ ［美］詹姆斯·C. 布坎南、［美］理查德·A. 马斯格雷夫：《公共财政与公共选择——两种截然对立的国家观》，类承曜译，中国财政经济出版社2000年版，第85页。

⑤ Kwon, S. and Reich, M. R. , 2005, "The Changing Process and Politics of Health Policy in Korea", *Journal of Health Politics Policy and Law*, Vol. 30, No. 6, pp. 1003 – 1025.

获得优先权，即使政府是本分地追求经济效率，也可能被这些既得利益者的游说所左右，导致公共资源的配置被扭曲"；① Ferreira 和 Goncalves（2009）通过对安哥拉内战后的"维稳"费用支出对经济增长和社会稳定的影响进行分析，认为"既得利益集团可能导致了'和平红利的悖论'"；② Antunes 和 Cavalcanti（2013）发现，"在不完全市场下，放开资本市场对福利的影响是有限的……当既得利益的富人集团足够强大，会使得财富分配改革不可能成功"。③ 对于如何消除既得利益集团的负面效应，Cortés 和 Marshall（1999）认为，改革路径的选择对包括消除既得利益等改革的制约因素非常重要；④ Gupta 等（2004）认为，"上级政府可以形成联盟，从上到下地对下级政府施加压力，有效地降低既得利益对地方政府的'俘获'"。⑤

2. 国内研究

国内学者对既得利益或既得利益者的理解不乏贬义。程浩（2006）指出，"中国的利益集团，除了在传统体制和市场化改革初期不规范体制中已经形成的既得利益集团外，还有正在生成、成长的、代表相关社会群体之利益的自为性社会利益集团"⑥，"这些利益群体和利益阶层，正逐步形成特定'利益集'，并不同程度地对地方

---

① Esteban, J. and Ray, D. , 2006, "Inequality, Lobbying, and Resource Allocation", *American Economic Review*, Vol. 96, No. 1, pp. 257 - 279.

② Ferreira, M. E. and Goncalves, F. R. , 2009, "Economic Diplomacy and Flagships: A Case Study of Galp and Unicer in Angola", *Relaes Internacionais*, Vol. 24, No. 24, pp. 115 - 133.

③ Antunes, A. A. and Cavalcanti, T. V. , 2013, "The Welfare Gains of Financial Liberalization: Capital Accumulation and Heterogeneity", *Journal of the European Association*, Vol. 11, No. 6, pp. 1348 - 1381.

④ Cortés, R. and Marshall, A. , 1999, "Estrategia Económica, Instituciones y Negociación Política en la Reforma Social de los Noventa", *Desarrollo Económico*, Vol. 154, No. 39, pp. 195 - 212.

⑤ Gupta, M. D. , Grandvoinnet, H. and Romani, M. , 2004, "State - Community Synergies in Community - Driven Development", *Journal of Development Studies*, Vol. 40, No. 3, pp. 27 - 58.

⑥ 程浩：《中国社会利益集团的兴起及其合法性问题研究》，《湖北社会科学》2006 年第 6 期，第 44—50 页。

政府决策施加影响"①，因此"要建立制度化、规范化、程序化、公开、透明、公正的利益表达机制和决策参与机制，将利益集团行为纳入制度化轨道……实现利益调控制度化、制度建设民主化、民主制度程序化、民主程序法治化……提高政府在利益集团政治中的自主性，防止软政权化"。②陈水生（2011）指出，"为了维护既得利益和进一步从改革中受益，作为受益的利益集团无疑已经和正在影响着利益结构调整和体制改革本身，使改革呈现独特的路径依赖"。③清华大学社会学系社会发展研究课题组（2012）指出中国需要警惕"转型陷阱"，认为"我们现在所处的状态……是将转型中的某一特殊'过渡形态'定型化，形成以维护既得利益为主要目标的混合型体制……对于改革的推进来说，关键的问题不仅在于既得利益集团的阻力，更在于由于改革中形成的既得利益集团滥用了改革，已经败坏了改革的声誉，使得相当一部分民众对改革失去了基本的认同……需要在民众参与的基础上加强改革和转型的顶层设计"。④

第二节 渐进预算理论

年度预算是公共预算体系的重要组成部分。渐进预算理论支持者与批评者针对编制年度预算的重要理论依据——"基数法"的合理性和弊端，曾针锋相对地展开激烈的论战。

一 渐进预算支持者的理论

（一）威尔达夫斯基的预算理论

威尔达夫斯基是渐进预算理论的主要奠基人，他主要从以下三个

① 程浩、黄卫平、汪永成：《中国社会利益集团研究》，《战略与管理》2003 年第 4 期。

② 同上。

③ 陈水生：《当代中国公共政策过程中利益集团的行为逻辑》，博士学位论文，复旦大学，2011 年。

④ 清华大学社会学系社会发展研究课题组、孙立平等：《"中等收入陷阱"还是转型陷阱》，《开放时代》2012 年第 3 期。

方面论证渐进预算理论的合理性。

1. 预算具有年度递增的特征

威尔达夫斯基等（1980）发现，固定仪式的预算程序实质就是财政部门与政府职能部门为增加预算或减少预算的争论。尽管政府职能部门所要求的预算越多，财政部门所削减的预算越多，但是政府职能部门总是能通过提交大量项目的方式，获得比上一年度预算总额还多的公共资金。①

2. 对现行预算程序进行改革的巨大成本，决定了预算改革也是渐进式的

威尔达夫斯基认为："预算是政府的生命线，反映了政府'做什么'和'打算做什么'……预算制定、提出或评估方式的改变，一定会影响到总统、国会及其委员会、行政机关，甚至个人的利益和行为……必须先从某些方面改变政治体系才能改变预算程序。"② 正因为改变预算程序的成本如此巨大，所以"预算是渐进的，不是全面的……政府职能部门的预算要求都是建立在上一年度的预算基础之上，并特别关注边际上的增加和减少……做预算的人们关注现存基数的小幅增长……小项目才是预算争吵的真正对象"。③

3. 渐进预算虽然存在缺点，但仍然是现行制度条件下普遍认为比较理想的预算

威尔达夫斯基虽然接受了一些批评者的建议，承认传统的年度预算存在缺陷，比如短视、过度开支、保守、狭隘以及逆向选择的道德风险等各种自身难以克服的弊端，但威尔达夫斯基仍然坚持认为，"年度预算恰恰是因为它的不全面，所以更易于作出决策"④，尤其"当价格发生重大和非预期变动时，以资金表示的预算的规模将发生

① Wildavsky A., Caiden, N., 1980, *Planning and Budgeting in Poor Countries*. New Brunswick：Transaction Books, p. 141.

② ［美］威尔达夫斯基：《预算改革的政治含义》，载赵早早、牛美丽主编《渐进预算理论》，重庆大学出版社 2011 年版，第 1—11 页。

③ Wildavsky, A., 1964, *Politics of the Budgetary Process*, Boston：Little Brown, p. 15.

④ ［美］阿伦·威尔达夫斯基：《预算与治理》，苟燕楠译，上海财经大学出版社 2010 年版，第 9 页。

很大的波动……同样明显的是……为实现稳定性，以数量为基础的预算恰恰成为其不稳定的主要原因"。①

（二）其他渐进预算理论支持者的预算理论

西蒙最早提出了"有限合理"的理论，认为管理者进行决策时只是追求"满意"目标。② Lindblom（1965）认为，管理决策不是包罗万象的，不应该采取全面理性主义，分析应该尽量简化，通过验证"少数几个方案来实现，这些方案只是对现存政策的少许或者渐进性的改变"。③ 但是这种每年制定具有连续性、有限性和相对性的细微变化决策，非常有利于处理复杂事情和分析性成本问题。

Fenno（1966）使用了两种方法来测量联邦政府预算变化的情况：（1）政府职能部门的预算申请同国会拨款之间的联系；（2）一个特定机构跨年度拨款方面的变化。Fenno 认为，政府职能部门的预算申请和拨款之间的年度关系，是产生预算结果的讨价还价的过程，众议院拨款委员会的决策主要是渐进式的。④

Sharkansky（1968）发现，"州长和立法机关感兴趣的是政府职能部门的预算申请究竟在目前支出水平上增加了多少，他们相应的反映就是尽力缩小预算的增长"。⑤ 政府职能部门通过虚报预算请求，也许仍可以较上一年度获得一个显著的增长。因此，"虽然寻求较大增长的政府职能部门会遭受最严厉的削减，然而一个进取性的策略好像是大量预算增长的先决条件"。⑥

Dye（1972）给渐进主义设立了一个新的目标，认为"联邦政府预算的渐进性本质，可以由这些年联邦政府花费在各类项目上的支出

---

① ［美］阿伦·威尔达夫斯基：《预算与治理》，苟燕楠译，上海财经大学出版社 2010年版，第 7 页。

② ［美］杰克·瑞宾、［美］托马斯·D．林奇：《国家预算与财政管理》，丁学东、居昊、王子林、吴俊培、王洪、罗平平译，中国财政经济出版社 1990 年版，第 91 页。

③ Lindblom, C. E., 1965, *Intelligence of Democracy*. New York：MacMillan, p. 144.

④ Fenno, R., 1966, *The Power of the Purse*. Boston：Little Brown, pp. 352, 410.

⑤ Sharkansky, I., 1968, "Agency Requests, Gubernatorial Support, and Budget Success in State Legislatures", *American Political Science Review*, Vol. 62, No. 12, p. 1222.

⑥ Ibid. .

百分比数据来解释"①，由于联邦政府支出仍然按功能分类，并且这种
分类方法一直保持稳定，因此渐进性变化不会扰乱按目前功能类别进
行预算资金分配的秩序。皮特斯瓦德等认为："渐进预算加上所有的
辅助项目——标准指数、多年期预算、连续性决议、技术概念和预算
形式——提供了一系列避免和解决预算冲突的有用工具……渐进主义
是对稳定性的反思，维持稳定也是法律制定者和行政机关官员希望达
到的目标。"② 托马斯·D. 林奇指出，"大多数预算是在以往经验和
未来需求的基础上确定当年计划项目的，甚至零基预算也经常引用过
去的经验来证明计划年度中被资助的行为类型的合理性"。③

二 渐进预算批判者的理论

虽然以投入为导向、以现金收付制为基础的年度预算便于操作且
起到了预算"控制者"的作用，然而却无法满足政府扩张的种种要
求。因此，学术界对渐进主义理论展开了激烈的论战。

约翰·瓦纳特对威尔达夫斯基为代表的传统渐进预算理论学说的
前提假设提出了质疑。约翰·瓦纳特认为，传统的渐进预算理论不仅
需要明确"变化是对现状的小幅修正"，而且必须对"为什么这种修
正的规模十分有限"进行说明。约翰·瓦纳特对强制性拨款请求（主
要是法定支出）和项目性拨款请求（主要是自由裁量支出）进行了
研究，其中强制性拨款请求的增长具有很强的解释力。④ 约翰·瓦纳
特的研究将学术界的关注重点转向了项目性拨款申请。

基吉尔特通过区分拨款数量的"基数"和"增量"，将支出基数
分为可控部分和不可控部分，严重动摇了支撑渐进预算理论的根基。
贝勒和寇纳认为，渐进预算对预算过程的研究，不但造成了概念的混

---

① Dye T. , 1972, *Understanding Public Policy*, Englowood Cuffs: Prentice - Hall, p. 215.

② ［美］伯纳德·T. 皮特斯瓦德、［美］弗兰克·D. 德雷珀：《预算改革的政治含义》，载赵早早、牛美丽主编《渐进预算理论》，重庆大学出版社 2011 年版，第 1—11 页。

③ ［美］托马斯·D. 林奇：《美国公共预算》（第四版），苟燕楠、董静译，中国财政经济出版社 2002 年版，第 5 页。

④ ［美］约翰·瓦纳特：《渐进主义的基础》，载赵早早、牛美丽主编《渐进预算理论》，重庆大学出版社 2011 年版，第 43—55 页。

乱，而且忽视了渐进预算过程和结果之间的区别。[①] 勒楼普认为，渐进主义理论片面强调稳定性而对事物变化抱有偏见。[②] 内切兹和纳普通过分析 15 年间原子能委员会的预算情况，发现预算总额虽然是渐进增长，但是总额构成却经常发生重大变化。渐进预算理论由于过分注重预算总额而非预算的结构，所以就看不到真正发生的变化。[③]

第三节　生命周期—持久性收入理论

鉴于年度预算存在的弊端，生命周期—持久性收入理论从时间的视角，佐证了中期预算由于延长了预算周期，更加长远的视角会促使"经济人"在选择时更趋于理性。但是生命周期—持久性收入理论也同样面临着难以解释的问题。

一　生命周期—持久性收入理论

（一）生命周期理论

生命周期假说（life - cycle hypothesis）是由麻省理工学院已故教授弗兰克·莫迪利安尼提出。生命周期假说将代表性消费者（representative consumer）的生命周期划分为年轻时的储蓄阶段与年老时的反储蓄阶段，年轻时获得劳动性工资（YL_t）并进行消费和储蓄，年老时消费年轻时储蓄的劳动性工资，一直活到 T 期病故。个人在两个不同的时期计划其消费和储蓄行为，以便通过合理配置消费实现效用的最大化。因此，绝大多数人会选择稳定的生活方式，不会在一个时期内出现储蓄或者反储蓄的冲击（shock）。

（二）持久性收入理论

持久性收入（permanent income）理论是由芝加哥大学已故教授米

---

① ［美］约翰·J. 贝勒、［美］罗伯特·J. O. 寇纳：《渐进主义的操作化：测量混沌状态》，载赵早早、牛美丽主编《渐进预算理论》，重庆大学出版社 2011 年版，第 77—87 页。

② ［美］兰斯·T. 勒楼普：《渐进主义的神话：预算理论中的分析性选择》，载赵早早、牛美丽主编《渐进预算理论》，重庆大学出版社 2011 年版，第 88—108 页。

③ ［美］杰克·瑞宾、托马斯·D. 林奇：《国家预算与财政管理》，丁学东、居昊、王子林、吴俊培、王洪、罗华平译，中国财政经济出版社 1990 年版，第 91 页。

尔顿·弗里德曼提出。持久性收入假说认为，由于暂时性收入的支出与来自财富的支出一样，被分散到生命持续的年限中，因此产生于暂时性收入（transitory income）的边际消费倾向与产生于财富的边际消费倾向应该趋近于零。所以，持久性收入假说认为消费与现期收入无关，而与长期的收入估计相关。[1]

（三）生命周期—持久性收入理论

生命周期—持久性收入假说（life - cycle & permanent income hypothesis，LC - PIH）理论描述了一个代表性消费者一生的效用最大化问题。假设消费者在 t 期的消费效用为 $u(C_t)$，生命周期效用（lifetime utility）U 是各期效用的总和，生命周期的预算约束线（lifetime budget constraint）是各期消费的总和，即：

$$U = u(C_t) + u(C_{t+1}) + \cdots + u(C_{T-1}) + u(C_T)$$

服从于 $C_t + C_{t+1} + C_{T-1} + C_T$

$$= \text{Wealth} + YL_t + YL_{t+1} + \cdots + YL_{T-1} + YL_T$$

消费者为了实现一生的效用最大化，最优选择是消费途径等于跨时期的边际消费效用，即 MU (C_{t+1}) = MU (C_t)。

二 对生命周期—持久性收入理论的争论

建立在消费者理性行为基础上的 LC - PIH 理论既吸引了经济学家的关注，也引起了部分经济学家对 LC - PIH 理论的批判。约翰·坎贝尔（John Campbell）和格里高利·曼昆（Greg Mankiw）对 LC - PIH 理论进行了过度敏感性（excess sensitivity）检验，结果发现消费行为的一半（估计值是 0.523）是由现期收入而非永久性收入可以解释的。[2] 约翰·坎贝尔和格里高利·曼昆（1989）的研究结果使得 LC - PIH 理论对消费行为失去了解释力。Marjorie Flavin（1985）提出了流

---

[1] ［美］鲁迪格·多恩布什、［美］斯坦利·费希尔、［美］理查德·斯坦兹：《宏观经济学》（第十版），王志伟译，中国人民大学出版社 2010 年版，第 273—276 页。

[2] Campbell J. Y., Mankiw, N. G., 1989, "Consumption, Income, and Interest Rates", *Social Science Electronic Publishing*, Vol, 4, No. 3, pp. 185 –246.

动性约束（liquid constraints）对消费理论的重要性。[1]

David Gross 和 Nicholas Souleles（2001）[2] 也持类似的观点。他们普遍认为，当永久性收入高于当前收入时，消费者无法通过借贷提高消费水平。不过 Anne Case 等（1995）的研究却认为，即使在缺乏金融机构的发展中国家，具有代表性的消费者难以借款，还是有充分的数据可以证实，人们在面对不确定的收入时还是会努力平稳其消费。[3] 持有缺乏远见（myopia）的观点认为，现实世界中的消费者不能像 LC – PIH 中的代表性消费者那样富有远见。其中，美联储的 David Wilcox 以社会保障福利金为案例的研究最具影响力。David Wilcox（1989）的研究发现，美国社会福利保障金即将增加的公告并没有立即引起消费的变动。之所以出现这种情况，David Wilcox 认为民众在这项公告正式实施之前，一方面缺乏能使其调整开支的资产（即流动性约束）；另一方面他们可能没有注意或者不相信政府的这项公告。[4]

第四节　预算平衡理论

本节整理了中期预算的重要理论依据——中国古代、现代以及西方的预算平衡理论，分别介绍和论证了预算改革对国家治理的影响。

一　中国古代预算平衡理论

中国在先秦时期便已经形成早期的预算制度。孕育古代中华文明的黄河长江流域是典型的温带亚热带季风性气候，非常适宜于发展种

---

① Flavin, M. , 1985, "Excess Sensitivity of Consumption to Current Income: Liquidity Constraints or Myopia?", *Canadian Journal of Economics*, Vol. 18, No. 1, pp. 117 – 136.

② Gross D. B. , Souleles, N. S. , 2001, "Do Liquidity Constraints and Interest Rates Matter for Consumer Behavior? Evidence from Credit Card Data", *Social Science Electronic Publishing*, Vol. 117, No. 1, pp. 149 – 185.

③ Case A. , Townsend R. M. , Morduch, J. and Besley, T. , 1995, "Symposium on Consumption Smoothing in Developing Countries", *Journal of Economic Perspective*, Vol. 9, No. 9, pp. 81 – 82.

④ Wilcox, D. W. , 1989, "Social Security Benefits, Consumption Expenditure, and the Life Cycle Hypothesis", *Journal of Political Economy*, Vol, 97, No. 97, pp. 288 – 304.

植业，春秋战国时期铁犁牛耕技术的推广奠定了中国农耕文明的基础。然而，季风性气候的不稳定性也使中国旱涝灾害频繁发生，给作为政权基础的农业带来了巨大威胁。为了减轻自然灾害所带来的威胁，中国在修建运河、堤坝以及创建赈济制度中已经孕育出跨年度预算平衡的思想，并在此基础上形成了早期的中期预算思想。

春秋时期，齐国管仲奉行"官山海"的国有化政策，不但为齐国积累了雄厚的财力，而且孕育出跨年度预算平衡的思想。"桓公践位十九年……二岁而税一，上年什取三，中年什取二，下年什取一；岁饥不税，岁饥弛而税"。① 管仲辅佐齐桓公成为春秋时期的第一位中原霸主。范蠡对天文运行与农业丰歉的周期性进行了研究，并据此预测粮食生产的周期性变化趋势。② 范蠡提出"岁在金，穰；水，毁；木，饥；火，旱……六岁穰，六岁旱，十二岁一大饥"③，并根据预测结果设计出"旱则资舟，水则资车，物之理也"④ 的跨年度预算平衡机制，为辅佐越王勾践最终实现灭吴称霸的战略目标奠定了坚实的物质基础。

汉武帝中期以后，面对国家财政亏空的问题，桑弘羊上奏汉武帝："丰年岁登，则储积以备乏绝；凶年恶岁，则行币物；流有余而调不足也。"⑤ 汉武帝任命桑弘羊为治粟都尉兼领大农令，行"平准""均输"之法，打击了豪强和商贾的不法行为，平稳了物价水平，实现了"民不益赋而天下用饶"。由于汉武帝晚年及时颁布《轮台罪己诏》，使得汉朝"有亡秦之失而免亡秦之祸"。汉宣帝时期，大司农中丞耿寿昌系统总结了《周礼》《管子》等相关古籍的思想，并借鉴李悝的"平籴"和桑弘羊的《平准法》的做法建立了常平仓制度，分别在朝廷和地方设置了均输令和均输官。

---

① （汉）刘向：《管子》，李山译，中华书局 2009 年版，第 124 页。

② 吴晓波：《浩荡两千年：中国企业公元前 7 世纪—1869 年》，中信出版社 2015 年版，第 25 页。

③ 同上书，第 25 页。原文出自《史记·货殖列传》。

④ 同上书，第 23 页。原文出自《国语·越语上》。

⑤ （汉）桓宽：《盐铁论》，陈桐生译，中华书局 2015 年版。

历朝历代基本沿袭并发展了汉朝的常平仓制度，包括隋文帝时期的义仓和宋神宗时期的"均输法"和"青苗法"。唐代宗时期，刘晏为了恢复被"安史之乱"破坏的社会经济，重新建立了常平仓制度。"晏之始至也，盐利岁才四十万缗，至大历末，六百余万缗。天下之赋，盐利居半"。① 常平仓制度为唐德宗的武装削藩与唐宪宗的"元和中兴"奠定了坚实的经济基础。陈焕昌（2009）认为，常平仓制度为朝廷成功平抑粮食价格与应对粮荒发挥过举足轻重的作用；② 李超民（2000）也认为，常平仓制度在现代实际上发挥了"稳定经济、熨平经济周期的功能"。③ 宋太祖还在常平仓的基础上构建了"封桩库"制度，试图通过积累历年的国家财政盈余，赎回后晋石敬瑭执政时期被割让给契丹（辽朝）的燕云十六州。倘若和平手段被契丹（辽朝）拒绝，朝廷便用"封桩库"所积累的财富招募勇士，通过战争手段收复失地。④

中国中期预算的理论主要是在实现预算平衡的基础上诞生。然而，中国预算平衡思想下孕育的中期预算思想在实践中并非尽善尽美。在中国古代社会，始终未能构建起一套完善的预算联动改革机制，尤其是针对皇权的公共权力约束机制，导致曾经强盛一时的王朝常因统治者的好大喜功而走向衰亡。皇帝享有国内一切资源的实际所有权，然而他们要维护国家的统治也必须高度依赖于各级地方政府官吏的忠诚。为了弥补各级地方政府官吏在政治上没有取得显赫地位的遗憾，从小规模贪污实惠中得到的慰藉减轻了他们对最高领导人权力的妒忌心⑤，历朝历代的大部分皇帝对各级地方政府官吏的腐败行为

---

① 吴晓波：《浩荡两千年：中国企业公元前 7 世纪—1869 年》，中信出版社 2015 年版，第 142 页。原文出自《新唐书·食货志》。

② 陈焕章：《孔门理财学》，中国发展出版社 2009 年版。

③ 李超民：《常平仓：美国制度中的中国思想——亨利·A. 华莱士农业政策的经济思想史考察》，博士学位论文，上海财经大学，2000 年。

④ 翁礼华：《纵横捭阖：中国财税文化透视》，中国财政经济出版社 2011 年版，第138 页。

⑤ ［美］塞缪尔·P. 亨廷顿：《变化社会中的政治秩序》，王冠华、刘为等译，上海世纪出版集团 2008 年版，第 52 页。

都表现出很大的包容性。皇帝对官员腐败行为的纵容，导致历史上大部分改革沦为统治者牟取私人利益的政治工具，加速了王朝走向衰亡。

唐朝初期，各级政府的预算账册包括手实、乡账、记账、户籍、旨符与长行旨符，每年制定一次。唐朝进入"开元盛世"以后，鉴于旨符每年编制一次十分烦琐，唐玄宗诏令时任黄门侍郎的李林甫协助时任宰相张九龄实行财政改革，从开元二十四年（公元736年）起将每年编制一次的"旨符"改为每三年编制一次的"长行旨符"①，只须将每年变化情况上报即可。这项改革不但在一定程度上提高了政府的行政效率，而且在短期内增加了朝廷的财政收入，有力地支撑了朝廷对外的一系列军事行动。然而，当李林甫取代张九龄的宰相之位，后续改革中税收与户口登记制度日渐松弛。由于户口避税的屡禁不止，加之土地兼并现象造成唐朝初期的均田制被严重破坏，国家的重要财源遭到无情的侵蚀②，致使唐朝中期的朝廷竟难以集中充足的财力来应对地方拥兵自重的节度使。

宋太祖"不加农田之赋"的遗训，奠定了宋朝富庶的经济。然而"田制不立，不抑兼并"的国策，也导致了北宋后期贫富差距日益悬殊，朝廷的财力逐渐捉襟见肘。宋神宗不得不启用王安石进行变法。当王安石引用司马迁对桑弘羊"民不益赋而天下用饶"的改革记载来佐证自身变法的合理性时，司马光却反驳道："此乃桑弘羊欺汉武帝之言，司马迁书之以讥武帝之不明耳。天地所生货财百物，止有此数，不在民间则在公家。桑弘羊能致国用之饶，不取于民，将焉取之？果如其言，武帝末年安得群盗蜂起，遣绣衣使者逐捕之乎？非民疲极而为盗耶？"③宋朝建立后朝廷设立三司使（又称"计相"），地

---

① 翁礼华：《纵横捭阖：中国财税文化透视》，中国财政经济出版社2011年版，第165页。原文出自《唐会要·度支员外郎》。

② ［英］崔瑞德：《剑桥中国隋唐史：589—906年》，中国社会科学院历史研究所、西方汉学研究课题组译，中国财政经济出版社1990年版，第416—417页。

③ 吴晓波：《浩荡两千年：中国企业公元前7世纪—1869年》，中信出版社2015年版，第179页。原文出自《司马文正公文集·迄英奏对》。

位仅次于宰相。三司统领户部司、盐铁司、度支司，分别履行宏观经济政策职能、国营事业职能、财税事务，宋太宗即位后曾亲自担任三司使。① 为了强力推行新法，王安石在宋神宗的支持下进行了"顶层设计"，制置三司条例司，以抵抗来自司马光为首的保守派的强大攻击。曾参与宋仁宗时期"庆历新政"的宰相韩琦指责其"不关中书、枢密院，不奉圣旨直可施行者，如此则是中书外又有一中书也"。虽然改革在一定程度上增强了宋朝的国力，也并未因王安石等改革核心人物的相继离世而彻底止步，却成为宋徽宗时期的蔡京、童贯等权臣"与民争利"的政治工具，严重偏离了改革的初衷，致使北宋王朝彻底走向衰亡。

为了革除清军入关时赋役制度的弊病，康熙帝于康熙五十一年（公元 1712 年）作出了"盛世滋丁，永不加赋"② 的多年期预算承诺。户部于康熙五十五年（公元 1716 年）正式制定出"盛世滋丁，永不加赋"的具体办法。然而这项预算承诺可能直接诱发"康乾盛世"时期出现了史无前例的人口爆炸——清朝户部登记在册的人口，从康熙五十二年（公元 1713 年）的 2359 万人猛增到乾隆五十八年（公元 1793 年）的 31328 万人。③ 由于全国粮食产量未能同步提高，清朝从"人少地多"逐渐陷入了"人多地少"的窘境，甚至连为清朝唱赞歌的人也不禁加以非议，认为这是"丁倒累户，户倒累甲"，"在官谓之补，在民谓之累"。④ 随着鸦片战争的爆发，内忧外患的朝廷面对越来越严重的财政危机，被迫终止了康熙帝"盛世滋丁，永不加赋"的预算承诺。终止预算承诺虽然在一定程度上减轻了朝廷的财政负担，却不可挽回地动摇了朝廷的公信力。

---

① 蔡美彪、朱瑞熙、李瑚、卞孝萱、王会安：《中国通史》（第五册），人民出版社 1994 年版，第 28 页。

② 蔡美彪、汪敬虞、李燕光、冯尔康、刘德鸿：《中国通史》（第十册），人民出版社 1994 年版，第 318 页。原文出自《清圣祖实录》。

③ 田雪原：《大国之难——当代中国的人口问题》，今日中国出版社 1997 年版，第 19 页。原文出自《清实录经济资料辑要》第一辑。

④ 蔡美彪、汪敬虞、李燕光、冯尔康、刘德鸿：《中国通史》（第十册），人民出版社 1994 年版，第 318 页。

二 中国现代预算平衡理论

（一）预算实践者的预算平衡理论

列宁指出："经常地、自觉地保持平衡，实际上就是计划性。"[1]
自中国共产党成立以来，在推进马克思列宁主义中国化的过程中，对
预算平衡理论进行了积极的探索与实践。应对财政危机除了"开源"
还必须同时做到"节流"，才有可能实现财政的可持续性。为了应对
抗日战争战略相持阶段八路军根据地日渐缩小与物资供应困难的问
题，中共中央革命军事委员会于 1941 年 11 月 7 日作出《关于抗日根
据地军事建设的指示》，明确提出"精兵主义"。毛泽东采纳了李鼎
铭的建议，领导全国各抗日根据地实施"精兵简政"的政策，努力实
现预算平衡，为克服财政经济的困难并休养生息民力[2]，最终战胜日
本侵略者做出了不可磨灭的贡献。

新中国成立以后，毛泽东认为："在整个经济中，平衡是个根本
问题"，明确要求削减军政费用过高的比重，抽出更多的资金发展经
济，加强国防的前提是加强经济建设。[3] 周恩来提出："节约支出，增
加收入，加强现金管理，保证财政收支平衡。"[4] 陈云将财政的收支平
衡作为"三平"的关键进行研究，他强调："建设规模的大小必须和
国家的财力物力相适应……财政收支和银行信贷都必须平衡。"[5] 李先
念认为："财政、信贷和物质三者必须平衡，是社会主义经济建设中
必须遵循的一条客观规律。"改革开放以后，邓小平指出："我们过去
长期搞计划，有一个很大的缺点，就是没有安排好各种比例关系……
现代化建设的任务是多方面的，各个方面需要综合平衡。"[6] 楼继伟等
（2015）认为，中国目前的预算审批包括收入、支出和收支平衡三个
方面，但核心是收支平衡，未来应将重点由平衡状态、赤字规模向支

---

① 列宁：《列宁全集》（第三卷），人民出版社 2014 年版，第 566 页。
② 毛泽东：《毛泽东选集》（第三卷），人民出版社 1991 年版，第 880—883 页。
③ 毛泽东：《毛泽东选集》（第五卷），人民出版社 1977 年版，第 267—288 页。
④ 周恩来：《周恩来选集》（下卷），人民出版社 1984 年版，第 370—387 页。
⑤ 陈云：《陈云同志文稿选编（1956—1962）》，人民出版社 1980 年版，第 44—48
页。
⑥ 邓小平：《邓小平文选》（第二卷），人民出版社 1983 年版，第 231—236 页。

出预算和政策拓展，收入预算从约束性转向预期性。[①]

（二）预算理论者的预算平衡理论

综合平衡，不是指单项的局部的平衡，而是指国民经济全局的平衡，除了财政收支平衡以外，还包括劳动力资源与需要的平衡、生产资料的供应与需要的平衡、消费资料供应与需要的平衡、信贷收支平衡与外汇收支平衡。[②]

在改革开放初期，对于是否维持预算平衡，国内的财政学者展开了激烈的争论。郑建和（1983）认为，"综合财政是在国民收入分配和再分配的基础上，按照国民经济综合平衡的需要，对保证经济和社会发展计划实现的全部国家财力实行统一计划管理的工具"。[③] 在此基础上，学术界对预算平衡形成了两种意见。部分学者认为年度的预算不平衡是可以接受的。尹文敬（1981）提出，"财政赤字也是国家手中用来调节经济的一种手段，同价格、税收、利息等经济杠杆一样。国家自觉应用一下财政赤字这个经济杠杆，不仅是可能的，而且是必要的"。[④] 袁振宇（1981）认为，"财政收支平衡是相对的，而不是绝对的……财政支出围绕着财政收入上下作适度的波动，也是财政收支平衡的实现……对于收支平衡不能仅看一个年度，还要从年度的延续性上进行考察"。[⑤] 耿汉斌（1983）认为，"由于马克思把税收作为正常财政收入，把借债和向银行投资作为非正常财政收入……把财政支出超过正常财政收入的差额叫作财政赤字，因此把举债和发行货币看作是弥补财政赤字的办法，是符合马克思关于财政赤字的一般看法的"。[⑥]

---

① 楼继伟、张少春、王保安：《深化财税体制改革》，人民出版社 2015 年版，第 111—112 页。

② 中国国民经济管理学研究会《国民经济管理学》编写组：《国民经济管理学》，山东人民出版社 1983 年版，第 100 页，第 102 页。

③ 郑建和：《对综合财政几个基本理论问题的看法》，《中央财政金融学院学报》1983 年第 1 期。

④ 尹文敬：《试论我国的财政赤字》，《社会科学》（上海）1981 年第 1 期。

⑤ 袁振宇：《谈谈财政收支平衡问题》，《经济问题探索》1981 年第 2 期。

⑥ 耿汉斌：《关于财政赤字的几个理论问题》，《经济问题探索》1983 年第 7 期。

但是也有部分学者对年度预算不平衡表示忧虑。邓子基等（1980）认为，"'赤字预算'会引起货币贬值、物质供应紧张，物价上涨，人民生活不安定，因而就会挫伤群众的生产积极性，也会影响安定团结"。① 刘永桢（1981）认为，"在社会主义国家中，不存在产生赤字预算的经济基础，社会主义制度也不允许实行赤字预算政策。因为社会主义计划经济建设要求量力而行，要求人力、物力、财力统一平衡；要求有足以防止意外事件的后备力量。打赤字预算就是破坏平衡，就是挖掉后备，就是取消计划经济"。② 葛致达（1981）认为，"财政出现赤字，表明国民收入的分配和生产之间出现了差额，也就是说国民收入的再分配过了头"。③《中国财贸报》的社论（1981）认为："国家财政发生赤字，从实质上看，是国民收入超额分配的结果。也就是说，积累和消费的总和，超过了国民收入的总和；国家安排的基建投资和消费性支出，超过了财政收入。"④

（三）对中国现代预算平衡理论的评述

新中国成立初期，中国共产党的预算思想主要来自革命根据地的实践经验，同时也借鉴苏联等社会主义国家高度集中的计划经济体制下的预算管理模式。列宁认为："无产阶级的革命专政是由无产阶级对资产阶级采用强力手段所获得、所维持，而不受任何法律限制的政权。"⑤ 由于国家治理经验的匮乏与"左"倾思想的干扰，部分社会主义国家曾经对列宁有关无产阶级专政理论的论述断章取义，忽视了依法治国对社会主义国家治理的重要性。在俄文中，财政与财务不分，苏联把财政收支现象统称为财政或财务现象，把反映国民经济范

---

① 邓子基、徐日清：《财政收支矛盾与财政收支平衡——谈谈如何认识与应用社会主义制度下的财政收支平衡规律》，《中国经济问题》1980 年第 3 期。

② 刘永桢：《浅谈预算赤字问题》，《财经问题研究》1981 年第 1 期。

③ 葛致达：《我国财政学界部分同志对财政赤字问题的看法（发言摘要）》，《财政》1981 年第 3 期。

④ 中国财贸报社论：《确保今年财政收支平衡》，《中国财贸报》1981 年 2 月 7 日。

⑤ 列宁：《无产阶级革命与叛徒考茨基》，外国文书籍出版局 1949 年版，第 14 页。

围的可用财力计划称为财政或财务计划。① 在苏联国家治理思想的影响下，在计划经济国家，综合平衡是编制国民经济和社会发展计划，保证国民经济以及社会事业协调发展的关键②，政府预算只是作为实现生产资料生产和消费资料生产两大部类之间平衡的一个重要组成部分，属于国民经济计划当中的主要的资金计划。由于国家治理的失败，最终导致了苏联与东欧的前社会主义国家亡党亡国的悲剧。我国要避免类似的悲剧重演，必须深化预算管理制度改革，坚持依法治国，不断提高国家的治理能力与完善国家的治理体系。

三　西方预算平衡理论

西方主要资本主义国家预算平衡思想的发展，主要构建在公共权力约束机制的基础上。霍布斯认为："国家是不能经受任何禁食规定的，因为国家的开支并不受本身食欲的限制。"③ 在霍布斯以及其他西方思想家的影响下，西方各国尤其美国大部分开国元勋非常担心中央政府发展成为失去控制的"利维坦"，因此想方设法地限制中央政府的权力。Eggertsson（1990）认为，不同市场规则和社会制度出现的原因在于它们限制了欺诈和"搭便车"行为。④ 马骏等（2011）认为，西方现代预算制度的建立提高了财政透明度，"控制取向的预算模式……确保了公共资金全部被用于公共目的，进而使政府是负责的"。⑤ 在此基础上，西方主要资本主义国家逐渐形成了对预算平衡理论的两种主流思想。

（一）年度预算平衡理论思想

David Hume 曾经在 1742 年所著的《道德和政治论文集》中对各国政府日益膨胀的公共债务规模发出了严重警告："要么国家毁掉公

---

① 《经济研究》编辑部：《建国以来社会主义经济理论问题争鸣（1949—1984）》（下），中国财政经济出版社 1985 年版，第 286 页。

② 中国国民经济管理学研究会《国民经济管理学》编写组：《国民经济管理学》，山东人民出版社 1983 年版，第 99 页。

③ ［英］霍布斯：《利维坦》，黎思复、黎廷弼译，商务印书馆 2008 年版，第 194 页。

④ Eggertsson T. , 1990, *Economic Behavior and Institutions*, Cambridge：Cambridge University Press, p. 66.

⑤ 马骏、赵早早：《公共预算：比较研究》，中央编译出版社 2011 年版，第 17 页。

债，要么公债毁掉国家。"① 亚当·斯密主张"廉价政府"，认为公债累计过头会招致国家破产，届时国家为了掩饰破产将提高铸币的名义价值，导致"劣币驱逐良币"，通过通货膨胀将政府债务负担转嫁给民众。② 亚当·斯密甚至认为，英国统治庞大的殖民地毫无所得，反而造成庞大的财政负担，"建议英国自动放弃它对殖民地的一切统治权"。③ 托马斯·杰斐逊和詹姆斯·麦迪逊认为，借债和为偿债而收税的资金会导致联邦政府权力过大甚至发动战争，为今后举债创下不好的先例，国家将因债务过多而积重难返，因此债务是必须要强烈抵制的东西。④ 大卫·李嘉图认为，"如果政府等待商品制成而延收税款一年，那么也许政府只得发行带息国库券，所付利息与消费者在价格上节省下来的数额相等"。⑤ 李嘉图还指出，国债实质上是国家信用。如果不顾偿债能力盲目发债，就会导致偿债危机。⑥ 让·巴蒂斯特·萨伊反对国债是"右手还左手的债"，认为"公债是把资本借于政府消费，不能给任何人带来利润……利息的支付是挪用税款来支付的，是后代的税赋负担"。⑦ 1838 年，时任美国财政部部长的罗伯特·沃尔克曾宣布："在任何一个州中，只有当某一项目资金增加时，由该项目资金支付的工人工资才有可能实现总体的增长……而如果某个项目由于资金撤出或减少而导致项目破产，则必须降低由这一项目资金承担的工人工资"，即对于雇佣劳动者而言，任何试图用举债的方式来改善自己状况的努力都将得不偿失。

---

① Hume, D., 1987, *Essays: Moral, Political, and Literary* (edition edited by E-. F. Miller), Indianapolis, Indiana, United States: Liberty Fund (http://www.econlib.org/library/LFBooks/Hume/hmMPL32.html), 2010 - 04 - 20.

② 武普照：《近现代财政思想史研究》，南开大学出版社 2010 年版，第 43 页。

③ ［英］亚当·斯密：《国民财富的性质和原因的研究》（下卷），郭大力、王亚南译，商务印书馆 2008 年版，第 187 页。

④ Sloan H. E., 2001, *Principle and Interest: Thomas Jefferson and the Problem of Debt.* Charlottesville: University of Virginia Press, p. 86.

⑤ ［英］大卫·李嘉图：《政治经济学及税赋原理》，周洁译，华夏出版社 2005 年版，第 271 页。

⑥ 武普照：《近现代财政思想史研究》，南开大学出版社 2010 年版，第 64 页。

⑦ 同上书，第 108 页。

以米尔顿·弗里德曼为代表的货币主义认为，美国经济 20 世纪 70 年代出现的"滞胀"，其实是过度遵循凯恩斯主义扩张性财政政策所酿成的后果。① 詹姆斯·布坎南认为，"弥补赤字的方式本身，会严重影响个人合理地比较公共利益和公共成本的能力"。② 西蒙·约翰逊认为，"不断增长的生产力并不意味着每个人都将变得更具生产力，或者工资将以与生产力相同的速度增长……我们的后代可能面临不平等问题……今天更多的海外借款意味着我们的后代将不得不将他们更高比例的收入以利息的形式支付给海外，这将部分抵消更高生产力的好处"。③

（二）跨年度预算平衡理论思想

Alexander Hamilton（1790）认为，国家的繁荣和独立都需要一个强大的中央政府来迅速动员资源，应对国家紧急状态——首要的就是战争。能否很快筹集资金取决于政府在市场上的信誉。因此，能为当前的债务寻得偿债来源，将是国家的福气。④ 尤利西斯·格兰特总统认为，购买能力是随着国家财富的增加而增加的，相对于提高税收以便在短期内偿还债务，不如减少税收以增加社会财富，从而提高更为充足的收入。⑤

Kimmel 认为："过量的盈余会带来奢华铺张的政府，政府的奢华又会在民间助长奢侈之风，而这种风气对民族的发展极为不利"。⑥ 麦金利、罗斯福、塔夫脱和威尔逊普遍认为，组织效率和"货币的价

---

① 武普照：《近现代财政思想史研究》，南开大学出版社 2010 年版，第 295 页。

② ［美］詹姆斯·M. 布坎南：《民主财政论》，穆怀朋译，商务印书馆 2009 年版，第 120 页。

③ ［美］西蒙·约翰逊：《火烧白宫：美债，从哪里来，往何处去》，郭庚信译，机械工业出版社 2013 年版，第 125 页。

④ Hamilton，A.. 1790. *Report on Public Credit*. Philadelphia：The Secretary of the Treasury of the United States，No. 1：pp. 3，27.

⑤ Kimmel L. H.，1989，*Federal Budget and Fiscal Policy* 1789 - 1958. Washington，D. C.：The Brookings Institution，pp. 65 - 69.

⑥ ［美］阿伦·威尔达夫斯基：《预算与治理》，苟燕楠译，上海财经大学出版社 2010 年版，第 243 页。

值"比过分追求节俭更为重要。① 伍德罗·威尔逊总统曾经指出："美国人只要觉得他们得到了他们所需要和渴望得到的东西，并且政府并不缺乏商业头脑和管理经验，他们就不会在意政府花掉多少钱。"②

凯恩斯认为："'浪费式的'举债支出在得失相抵之后还是可以增加社会的财富……如果我们的政治家们由于受到古典学派经济学家的熏陶太深而想不出更好的办法，那么，造金字塔、地震甚至战争也可以起着增加财富的作用。"③ 阿尔文·哈维·汉森主张补偿性的财政政策，主张逆经济风向行事，在经济衰退时采取扩张政策，政府增加预算开支，降低税率；在经济过热时采取紧缩政策，政府要压缩开支，提高税率。④ 保罗·萨缪尔森和威廉·诺德豪斯在其合著的《经济学》教材中以凯恩斯与汉森的经济理论为主体思想，同时吸纳了反凯恩斯主义学派的部分观点，认为在就业不足的情形下，即国民生产总值小于潜在（即充分就业）的国民生产总值时，"增长型的财政政策"（或"扩张性的财政政策"）会导致经济的扩张。但是萨缪尔森也指出，政府债务会导致人民通过积累政府债券替代私人资本，最终降低潜在经济的增长。⑤

道尔顿提出了预算收支平衡论，将预算划分为经常预算与资本预算。"在一个会计年度期间没有沉重公债的增加，就可以认为合乎预算平衡的定义。但并不需要要求预算在任何年度都是平衡的，一两年的短期预算不必一定要取得平衡，预算平衡的实际问题，是预算不平衡期间长短与数量的问题"。⑥ 英国前保守党大臣诺曼·拉蒙特在英国

---

① Kimmel L. H. , 1989, *Federal Budget and Fiscal Policy* 1789 – 1958, Washington, D. C. : The Brookings Institution, pp. 84 – 815.

② Ibid. , pp. 87 – 88.

③ ［英］约翰·梅纳德·凯恩斯：《就业、利息和货币通论》，高鸿业译，商务印书馆2009 年版，第 133 页。

④ 武普照：《近现代财政思想史研究》，南开大学出版社 2010 年版，第 214 页。

⑤ ［美］保罗·萨缪尔森、［美］威廉·诺德豪斯：《宏观经济学（第 18 版）：双语教学版》，萧琛、蒋景媛等译，人民邮电出版社 2007 年版，第 373、377 页。

⑥ 武普照：《近现代财政思想史研究》，南开大学出版社 2010 年版，第 176 页。

引进可自由支配的开支限额。西蒙·约翰逊虽然对高昂的债务水平表示忧虑，但是认为债务问题更是一个道德问题。"我们不仅应该担心巨额的国家债务，而且应该承担留给他们（子孙后代）一个有生产力的经济以及一个健康的供其生存的星球，这意味着我们应该投资于他们能继承的自然、环境以及教育基础设施"。① 1997 年，英国时任财政大臣戈登·布朗创造了"黄金准则"和"可持续性的投资规则"，第一条规定"政府借钱只会用于公共投资而非公共消费"，第二条规定"经济周期中净公债占 GDP 比重不能超过 40%"。②

（三）对西方预算平衡理论的评述

随着数学与物理学的研究方法被大量引入到经济学研究中，微观经济学、宏观经济学和博弈论都充斥着"均衡"的概念。现代西方主流财政理论主要来自现代宏观经济学的市场失灵理论，财政学已经被严重"经济学化"③，被"经济学化"的财政学者对预算理论主要集中在政府债务以及政府的预算政策。

改革开放战略的实施，促使中国的计划经济体制转向市场经济体制。现代西方主流财政理论对"政府应实现预算收支均衡"的观点，恰好高度契合了传统马克思主义流派对"预算是生产资料生产和消费资料生产两大部类之间平衡的一项工具"的认识。也许受到这种认识的局限，成为 2014 年修正的《预算法》条款中只写入"建立跨年度预算平衡机制"，而未能将中期预算写入法律条款的一个重要因素。

虽然西方主要资本主义国家在民主宪政思想的影响下，逐渐构建起一套比较适合本国国情的预算管理机制，但是各种利益集团对立法机关的肆意干涉以及相对弱小的行政机关权力，使得国家很容易被少数寡头资产阶级所绑架。例如，在叶利钦执政时期的俄罗斯与小布什执政时期的美国，强大的院外集团频繁对政府施加压力，迫使政府制

---

① ［美］西蒙·约翰逊：《火烧白宫：美债，从哪里来，往何处去》，郭庚信译，机械工业出版社 2013 年版，第 125 页。

② 王淑杰：《英国政府预算制度》，经济科学出版社 2014 年版，第 71 页。

③ 李俊生：《盎格鲁—撒克逊学派财政理论的破产与科学财政理论的重建——反思当代"主流"财政理论》，《经济学动态》2014 年第 4 期。

定有利于自己的政策。"当一个利益集团占有太多的权力时，它就能成功制定有利于自己的政策而非有利于全社会的政策"。[1]

目前，国内外主流财政学界把财政学视为经济学的一个分支、单纯使用经济学的范式来分析政府财政问题的做法，是导致目前主流财政学理论缺乏对现实财政问题解释力、对中长期财政问题缺少预测能力的主要原因。即使是被学术界认为是促成了财政学"经济学化"的奠基者理查德·马斯格雷夫，在与詹姆斯·布坎南进行激烈的论战中也不得不承认，"经济学工具对于一些领域是合适的……但是对于涉及正义和权利的概念的领域就不合适"[2]，"认为只要达到了帕累托最优就万事大吉的财政学的观点，忽略了社会共存的必要组成条件，从规范和实证两方面看都是失败的"[3]。正是由于过度"经济学化"的财政学理论无法为国家治理提供足够强大的理论支撑，许多西方主要资本主义国家尚未构建起具有法律约束力的中期预算，结果在欧洲主权债务危机与美国"财政悬崖"中付出了沉重的代价。

① Stiglitz, J. E. , 2012, *The Price of Inequality*: *How Today's Divided Society Endangers Our Future*, New York: W. W. Norton and Company, p. 84.

② ［美］詹姆斯·C. 布坎南、［美］理查德·A. 马斯格雷夫：《公共财政与公共选择——两种截然对立的国家观》，类承曜译，中国财政经济出版社 2000 年版，第 42 页。

③ 同上书，第 24 页。

第四章　我国实施中期预算与年度预算联动机制条件分析

第一节　我国实施中期预算与年度预算联动机制的有利条件分析

一　社会主义市场经济体制的建立创造了制度条件

（一）依法治国的强化为预算管理体制改革奠定了政治基础

政府预算是政府受纳税人委托，代理负责配置公共资源的职能，并向其提供的"一揽子"公共产品和公共服务的"契约"，具有严格的法律约束力。党的十八届四中全会在《中共中央关于全面推进依法治国若干重大问题的决定》（以下简称党的十八届四中全会《决定》）中明确指出："社会主义市场经济本质上是法治经济。使市场在资源配置中起决定性作用和更好发挥政府作用，必须以保护产权、维护契约、统一市场、平等交换、公平竞争、有效监管为基本导向，完善社会主义市场经济法律制度。"法治是市场经济的产物，市场经济要求产权明晰。产权明晰导致了人格独立与意志自由，人格独立和意志自由的人只能靠契约来组成社会，用社会契约或全民公约来治理国家和管理社会就是法治。法治经济不仅意味着市场中的商业行为要依据法律，而且政府行为也必须以法律为依据。[①] 2015 年 12 月，中共中央、国务院印发了《法治政府建设实施纲要（2015—2020 年)》，提出到

---

① 刘军宁等：《市场逻辑与国家观念》，生活·读书·新知三联书店 1995 年版，第 20 页。

2020 年基本建成职能科学、权责法定、执法严明、公开公正、廉洁高效、守法诚信的法治政府。由于市场经济需要建设法治国家和法治政府，为未来实施中期预算与年度预算联动机制提供了基本法律保障和组织保障。

（二）非公有制经济的壮大为预算管理改革奠定了经济基础

改革开放以前，我国对非公有制经济一般采取"利用、限制、改造"的"和平赎买"政策予以社会主义改造。当时我国的财政收入主要来自国有企业上缴利润。政府直接占有生产资本，通过控制和垄断产品的生产和销售。虽然存在流转税等税收形式，但其实质上相当于对国有企业的利润征收方式。丰裕的资源性租金收入大大降低了政府对公民或社会的依赖。[①] 在新中国成立初期，受到意识形态的影响，当时的决策层对是否需要预算曾经存在较大的争议。周恩来认为，主观设定一个"财政框框"限制经济发展是错误的，但如果符合经济发展的实际情况就不能盲目反对。[②] 根据 1950 年政务院通过的《关于决算制度、预算审核、投资的实施计划和货币管理的决定》，1951 年颁布的《预算决算暂行条例》曾经长期作为我国预算管理的主要依据。

自改革开放以来，党和国家不断完善支持和鼓励非公有制经济发展的方针政策。《宪法》对非公有制经济的定位，从 1988 年修正案中的"社会主义公有制经济的补充"，修改为 2004 年修正案中的"社会主义市场经济的重要组成部分"，并规定了"公民的合法的私有财产不受侵犯"。党的十八届三中全会《决定》明确提出："公有制经济和非公有制经济都是社会主义市场经济的重要组成部分，都是我国经济社会发展的重要基础。"占 90% 市场主体的非公有制经济组织解决了 84% 的就业问题，贡献了 60% 的国内生产总值、65% 以上的固定资产投资以及 66% 的税收。[③] 随着国有企业上缴利润比重的下降，税收收入成为政府最主要的收入来源，政府对公民或社会依赖性的加强

---

① 崔潮：《中国财政现代化研究》，中国财政经济出版社 2012 年版，第 34 页。
② 周恩来：《周恩来选集》（下卷），人民出版社 1984 年版，第 211—228 页。
③ 陈永杰：《摘下看非公有制经济的有色眼镜》，《人民日报》2015 年 9 月 7 日。

要求必须建立现代预算制度。在此背景下，党的十四大提出了建立社会主义市场经济体制的改革目标，"建设财政"逐渐向"公共财政"靠拢。党的十八届五中全会《决定》明确提出："建立全面规范、公开透明预算制度，完善政府预算体系，实施跨年度预算平衡机制和中期财政规划管理。"非公有制经济的壮大，为未来实施中期预算与年度预算联动机制创造了经济制度基础。

二　预算管理改革不断深化奠定了坚实的制度基础

（一）预算法律体系正在逐步健全

1991 年，国务院颁布《国家预算管理条例》，为《预算法》的制定奠定了基础。1994 年，第八届全国人民代表大会第二次会议通过《预算法》，国务院相应颁布《预算法实施条例》。《预算法》与《预算法实施条例》的颁布，结束了我国长期以来预算管理仅依靠国务院条例运行的尴尬局面[1]，使依法治财、依法理财有了重要的法律依据。2014 年，第十二届全国人民代表大会常务委员会第十次会议对《预算法》总共 82 处内容进行了重新修订。[2] 新修订的《预算法》更加明确了立法宗旨，对预算管理职权、预算收支范围、预算流程以及法律责任等方面都作出了更加明确的规定，尤其将 1994 年《预算法》中一些不合时宜的规定作出了重大的修改，以适应国家治理现代化的目标。2015 年，国务院提请十二届全国人大常委会第十六次会议审议《地方政府债务限额的议案》，标志着我国逐步将地方政府债务的限额管理纳入法律范畴，为防范政府性债务风险构筑了更加坚实的"防火墙"。预算法律机制的逐步健全，不但有利于构建更加全面规范与公开透明的预算制度，而且为新一轮的财税体制改革寻找到一个良好的突破口，有利于推进国家治理体系和治理能力现代化。

---

① 娄冰：《中国的预算制度：变迁轨迹和改革路径》，博士学位论文，中国社会科学院研究生院，2013 年。

② 财政部条法司编著：《〈中华人民共和国预算法〉修改前后对照表》，中国财政经济出版社 2014 年版，第 1—27 页。

（二）中期预算的相关配套改革正逐步到位

1. 建立了强大统一的预算权力核心机构

（1）财政部门成为预算编制的核心机构，为实施中期预算改革奠定了权力基础。在已经实施编制中期预算的世界各国中，财政部门在其中一般都居于核心地位。新中国成立以后，除了财政部以外，国家发展和改革委员会、科技部等各个部委都享有很大程度上的预算支配权。① 为了适应社会主义市场经济体制，我国逐渐将分散到各个部委的预算支配权收归财政部门所有，每年的各级政府部门的预算编制由本级财政部门领衔，采取"二上二下"的方式进行编制。2016年，财政部要求中央部门预算编制必须以项目库建设作为基础和前提，未纳入项目库的项目不能编制部门预算。

（2）全国人大常委会财经委与预算工委的设立，加强了预算管理与财政监督能力。在计划经济时期，我国的国家财政管理与监督职能分别被划分到财政部门、国家计划部门、劳动人事部门、商业和外贸部门，建立中央、省（市）和县（市）三级预算管理体制。② 根据1951年政务院通过的《保守国家机密暂行条例》的有关规定，国家财政计划和国家概算、预算、决算均属于国家机密，国家财政计划的审查批准采取"三榜定案"的方式。③ 1983年，全国人大常委会财政经济委员会设立。1998年以后，全国人大与部分地方人大相继在人大常委会设立预算工作委员会，负责审理政府部门的本级政府预算与部门预算。人大常委会财经委或预算工委对本级政府的预算草案提出审理意见，财政部门认真汇总本级人大常委会财经委或预算工委的意见，最终将预算草案提交本级人大批准实施。通过全国人大常委会财经委与预算工委对预算草案的审理，加强了立法机关对政府预算管理

---

① 胡书东：《经济发展中的中央与地方关系——中国财政制度变迁研究》，上海三联书店、上海人民出版社2001年版，第28—29页。

② 项怀诚、贾康、赵全厚：《中国财政通史（当代卷）》，中国财政经济出版社2006年版，第17、41—42页。

③ 在党的八届三中全会上，毛泽东曾对"三榜定案"预算审批方式的严肃性提出了质疑："用三榜定案的办法，你就那么十分懂？也不见得，还是跟经手的同志有距离。"

与财政监督的能力。

2. 预算硬约束的改革不断落实

随着 1994 年的"分税制"改革不断深化，我国除了分设国家税务局系统与地方税务局系统，建立了相应的转移支付制度以外，还从 1999 年起开始实施部门预算编制①、国库集中收付制度②、政府采购制度、"收支两条线"③ 和政府收支分类改革。④ 其中《招标投标法》（1999 年通过）与《政府采购法》（2002 年通过，2014 年修订）的颁布实施，以法律的形式确立了比较规范的政府采购制度。通过一系列改革，曾经长期游离于预算程序之外的公共资金逐渐纳入财政预算管理，我国在硬化预算约束机制等方面取得了重大进展。2003 年，中央政府与部分地方政府开始组织项目支出绩效评价试点，地方层级出现公民参与式预算，一种约束财政权力使用的社会控制形式开始形成⑤，我国初步建立起一套编制有标准、执行有约束、绩效有考评的较为科学规范的现代预算管理制度。⑥ 国家基本预算能力显著加强，政府立法和财政监督逐步发展起来。在预算编制方面，财政部于 2008 年制定《中央部门预算管理工作规程》，预算编制周期由改革前的 4 个月扩展到 9 个月。2014 年，《国务院关于清理规范税收等优惠政策的通知》（国发〔2014〕62 号）将税收优惠政策、非税收入、财政优惠政策的审批权收归国务院所有，有利于稳定宏观经济政策，维护市场经济秩序。

---

① 部门预算编制改革的主要依据是《财政部关于改进 2000 年中央预算编制的通知》（财预〔1999〕464 号），该文件已于 2003 年 1 月 30 日被废止。

② 国库集中收付制度改革的主要依据是《国务院办公厅关于财政国库管理制度改革方案有关问题的通知》（国办函〔2001〕18 号文件）与《财政部中国人民银行关于印发〈财政国库管理制度改革试点方案〉的通知》（财库〔2001〕24 号）。

③ "收支两条线"改革的主要依据是《国务院办公厅转发财政部关于深化收支两条线改革进一步加强财政管理意见的通知》（国办发〔2001〕93 号）。

④ 政府收支分类改革的主要依据是《财政部关于印发政府收支分类改革方案的通知》（财预〔2006〕13 号）。

⑤ 马骏：《治国与理财：公共预算与国家建设》，生活·读书·新知三联书店 2011 年版，第 165—166 页。

⑥ 楼继伟：《中国政府间财政关系再思考》，中国财政经济出版社 2013 年版，第 14 页。

3. 跨年度预算平衡机制正式建立

2006 年，我国正式建立中央预算稳定调节基金。2008 年，中央预算稳定调节基金得到进一步完善，明确规定"年度中央超收收入，除依照法律法规和财政体制规定增加当年支出，以及用于削减财政赤字，特殊一次性支出等必要性条件外，原则上不再安排当年支出，转入预算稳定调节基金，在以后年度通过预算安排使用"。[①] 2014 年，我国重新修订了《预算法》，不但明确提出建立跨年度预算平衡机制，要求一般公共预算、政府性基金预算、国有资本经营预算与社会保险预算全部纳入预算，预算内容定期公开，并且对预算分类以及预算支出情况绩效评价以立法形式作出了严格的规定。前期一系列预算改革，为我国未来实施中期预算与年度预算联动机制奠定了坚实的政治制度基础。

三　日益增长的预算规模提供了基本保障

贫穷往往会造成短视，雄厚的财政实力才能为中期预算改革成功奠定坚实的经济基础。"一个富国——有更大的能力来消化和克服不确定性——能够比穷国更好地承受充满不确定性的生活"。[②] 随着国家工业化的推进，以及国家财力的逐渐强大，中期预算已成为世界各国经济社会发展的必然选择。根据世界银行的数据，2014 年世界平均收入已经达到 10721 美元，接近一半的国家进入中等收入行列。同期，在全球 192 个国家和地区中，全世界只有 49 个国家和地区尚未从法律层面实施中期预算，而尚未从法律层面实施中期预算的国家基本上都是尚未实现工业化的发展中国家（见表 4 - 1）。

如果未能及时进行财政改革，政府拯救危机可作用的政策空间势必将越来越有限。尽管部分石油输出国组织（OPEC）成员国依靠得天独厚的自然资源，发展石油加工或休闲旅游，人均 GDP 已接近欧美发达国家水平，但是对自然资源的过度依赖正使这些国家逐渐陷入

---

① 谢旭人：《中国财政发展报告》，中国财政经济出版社 2011 年版，第 253—254 页。

② ［美］阿伦·威尔达夫斯基：《预算：比较理论》，苟燕楠译，上海财经大学出版社 2009 年版，第 120 页。

表 4 - 1　　　2014 年尚未实施中期预算的国家及其人均 GDP

国家或地区	人均 GDP（美元）	国家或地区	人均 GDP（美元）
卡塔尔	96732	**中等收入国家**	**4707**
阿联酋	43963	萨摩亚	4172
高收入国家	**37756**	萨尔瓦多	4120
塞浦路斯	27194	圭亚那	4054
沙特阿拉伯	24161	图瓦卢	3827
特立尼达和多巴哥	21324	危地马拉	3673
阿曼	19310	埃及	3199
塞舌尔	15543	玻利维亚	3124
圣基茨和尼维斯	15510	**中低等收入国家**	**2003**
安提瓜和巴布达	13432	苏丹	1876
加蓬	11949	叙利亚	1821
巴拿马	10772	吉布提	1814
哥斯达黎加	10415	圣多美和普林西比	1811
土库曼斯坦	9032	老挝	1793
格林纳达	8574	科特迪瓦	1546
白俄罗斯	8040	缅甸	1204
中高等收入国家	**8000**	东帝汶	1169
阿塞拜疆	7884	南苏丹	1115
马尔代夫	7635	津巴布韦	931
中国（内地）	7590	海地	824
圣文森特和格林纳丁斯	6669	朝鲜	696
厄瓜多尔	6346	**低收入国家**	**641**
多米尼加	6164	多哥	635
安哥拉	5936	厄立特里亚	590
伊朗	5443	几内亚比绍	568
牙买加	5105	冈比亚	423
伯利兹	4831	中非	359

资料来源：世界银行数据库。

"资源诅咒"的陷阱。Stiglitz（2012）认为，"人均 GDP 不能充分表达社会中绝大多数公民的实际生活——并且从根本上讲，也不能充分显示经济的实际运行情况"。[1] 沙特阿拉伯 2014 年的经济增长率仅为3.5%，国际货币基金组织预计 2015 年和 2016 年的经济增长率将分别下降至 2.8% 和 2.4%。[2] 在国际原油价格总体低迷的背景下，沙特阿拉伯 2015 年财政预算赤字高达 3670 亿里亚尔（约合 979 亿美元）。[3] 此外，塞浦路斯 2015 年政府债务比例高达 108.9%。[4] 为此，国际货币基金组织呼吁沙特阿拉伯、塞浦路斯等政府进行财政改革，尽快降低政府的财政风险。

得益于改革开放以及相对稳定的国内外环境，我国从 1978 年到2015 年的实际经济平均增长率达到 9.7%（见图 4-1），人均 GDP 已经逐渐接近中高等收入国家的水平（见表 4-1）。根据中国社会科学院工业经济研究所测算，进入 21 世纪以来，在经济持续增长的推动下，中国的工业化进程进入了加速时期。截至 2010 年，在中国 31 个省（直辖市、自治区）中，除了西藏、新疆、海南三个省区尚处于工业化前期以外，中国总体上已经进入工业化中期的后阶段。根据国家工业化发展的任务要求，我国预计到 2020 年要实现工业化的目标。[5]在国民经济保持中高速增长的背景下，我国于 1994 年开始实施"分税制"改革。"分税制"改革实施以来，财政收入占 GDP 比重与中央财政收入占全国财政收入比重相比改革前显著提高（见图 4-2）。国家财政实力不断壮大，政府宏观调控和公共保障能力进一步增强。根据国家财政部与统计局公布的统计数据，2015 年，中国一般财政收入

① Stiglitz J. E., 2012, *The Price of Inequality: How Today's Divided Society Endangers Our Future*, New York: W. W. Norton and Company, p. 24.

② 王俊鹏：《IMF 呼吁沙特进行财政改革》，《经济日报》2015 年 8 月 25 日。

③ 根据沙特阿拉伯经济与发展事务委员会的数据，2015 年沙特阿拉伯的政府支出为9750 亿里亚尔，而财政收入仅为 6080 亿里亚尔。

④ 严恒元：《欧盟成员国政府债务和财政赤字比例双降》，《经济日报》2016 年 4 月28 日。

⑤ 陈佳贵、黄群慧、吕铁、李晓华等：《工业化蓝皮书：中国工业化进程报告(1995—2010)》，社会科学文献出版社 2012 年版。

152216.65 亿元，中央一般公共财政收入 69233.99 亿元。财政收入占
国内生产总值的比重为 22.5%，中央财政收入占全国财政收入的比重
为 45.5%。日益增长的预算规模，为我国未来实施中期预算与年度预
算联动机制提供了基本保障。

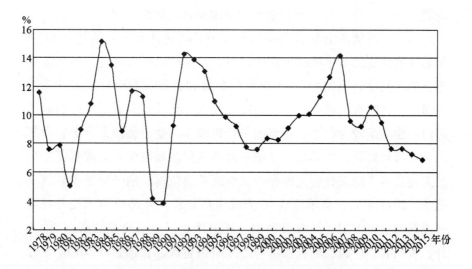

图 4 - 1　1978—2015 年中国经济实际增长率

资料来源：国家统计局的历年数据。

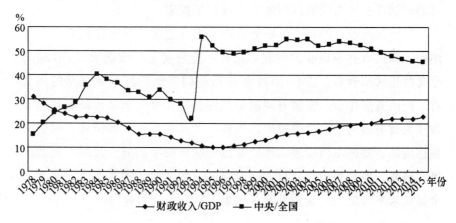

图 4 - 2　1978—2015 年中国财政收入占 GDP 比重与中央财政收入

占全国财政收入比重

资料来源：根据财政部与国家统计局的历年数据计算得出。

四 国内三年滚动预算试点的经验教训提供了可供借鉴的基本范式

2008 年 11 月，财政部预算司召开"中期滚动预算框架研讨会"，主要研讨了我国实施中期滚动预算框架的可行性、必要性以及操作措施等问题，并分别在河北省、河南省焦作市、安徽省芜湖市的芜湖县开展"一省一市一县"部门滚动预算编制试点工作。

部门滚动预算编制试点的结果在河北省是比较成功的[①]。通过 3 年的发展性支出三年滚动预算的试点，河北省已经将试点范围从前期选择的水利厅、卫生厅等 15 家部门扩展到省级所有分管发展性支出的部门，待时机成熟后再将部门发展性支出预算扩展到全部政府职能部门，建立起较为科学、完整的中长期预算制度。焦作市由于各个部门对项目规划严肃性不足，使预算改革进程步履维艰。安徽省芜湖市的芜湖县由于缺乏政府文件作为试点改革的依据，刚开始进展就很不顺利，2011 年将试点单位从 16 家减少到 8 家。到 2012 年因受外部经济波动与上级宏观经济政策影响，被迫停止了中期预算的试点。[②] 此外，贵州省、广西壮族自治区与上海市闵行区，在国发〔2015〕3 号文件正式出台之前，曾经依据《财政部关于印发〈中央本级项目支出预算管理办法〉的通知》（财预〔2007〕38 号）文件的精神，分别对滚动预算框架在政府部门的运作进行了探索。

虽然在国发〔2015〕3 号文件正式出台之前，我国在地方三年期滚动预算试点并不是非常顺利。这在一定程度上导致国发〔2015〕3 号文件正式出台后，曾在 2008 年进行部门滚动预算编制试点的河北省、河南省焦作市、安徽省芜湖市芜湖县，迄今尚未出台新的政府文件作为政府编制中期财政规划的依据。尤其在严重依赖转移支付的欠发达地区，实施多年期滚动预算试点的政府层级越低，其试点失败的风险越高。但是我国部分地方政府通过三年期滚动预算试点，毕竟为全国在未来实施的中期预算改革积累了宝贵的经验教训。

---

① 王劲松：《推进中期预算：衔接规划依法推进》，《中国财经报》2013 年 12 月 24 日。

② 邢昀：《中期财政规划欲解财政收支矛盾》，《财新：新世纪周刊》（http://weekly.caixin.com/2015－02－13/100783984.html）2015－2－13。

五　国民经济和社会发展五年规划与年度计划的联动提供了可资参考的基本模式

实施中期预算与年度预算联动机制，是我国未来实施中期预算改革的一种新的尝试。目前一个现实中可供借鉴的模式，就是我国从1953年开始实行的国民经济和社会发展五年规划（计划），及其与国民经济和社会发展年度计划的联动模式。国民经济和社会发展五年规划（计划）与年度计划的成功联动，已经成为国家治理的主要模式之一。

（一）国民经济和社会发展五年规划与年度计划联动，已经过了十二个五年规划（计划）的长期成功检验

我国从1953年开始编制和实施"国民经济和社会发展第一个五年计划"。为保证五年计划的目标和任务的落实，中央和地方各级党委、人大、政府每年都要通过法定程序，编制和实施国民经济和社会发展年度计划（从"十一五"以后，为适应建立社会主义市场经济体制改革的需要，国家将"五年计划"调整为"五年规划"）。60多年的实践已经证明，由于有着年度计划的保证，国民经济和社会发展五年规划（计划）所提出的主要目标、任务等基本得到实现。深入分析其中原因，一个很重要的原因是我国已经构建起了比较科学和协调的五年规划和年度计划的联动机制，使五年规划和年度计划的内容得到了较好的衔接，从而保证了中长期目标任务和近期目标任务的顺利完成。从已经编制和实施了国民经济和社会发展的十二个五年规划（计划），以及编制和实施了60多年的国民经济和社会发展年度计划的经验来看，我国已经成功构建起了国民经济和社会发展五年规划和年度计划联动机制，为规划和计划目标任务的落实提供了基本保证。在同样的体制机制背景下，国民经济和社会发展五年规划和年度计划联动机制的成功运行，无疑为我国在未来实施中期预算和年度预算联动机制提供了一个极具价值的借鉴模式。

（二）国民经济和社会发展五年规划与年度计划的管理，以及其所形成的联动模式，较好地契合我国的国情

国民经济和社会发展五年规划与年度计划的编制和实施流程契合

了中国的国情，兼顾了党委、立法机关和政府的利益诉求，两者所形成的联动机制是比较完整和有效的。一般在上一个五年规划即将完成的前一年，国家和地方就会启动下一个五年规划的编制，这里面有着三个方面的工作几乎在同步推进：一是中共中央和地方党委都要根据国家和地方发展重大战略的要求，明确下一个五年规划要完成的重大目标任务，并对国家和地方国民经济和社会发展五年规划提出建议，从而体现出执政党的执政意图，或是达到发展是执政兴国第一要务的要求；二是国务院和地方政府要根据中共中央或地方党委的建议，组织对下一个五年规划时期的重大问题进行前期研究，在此基础上组织编制出"第××国民经济和社会发展五年规划纲要"（草案）；三是全国人民代表大会或地方人民代表大会要依照法定程序，对政府编制的五年规划进行审议和批准，经过全国人民代表大会或地方人民代表大会批准后的五年规划，由政府向社会公布，并负责组织实施。为了保证国家或地方五年规划期内的重大战略和目标任务的完成，一方面，每一年全国人民代表大会或地方人民代表大会还要依照法定程序，对国务院或地方人民政府编制的国民经济和社会发展年度计划进行审议和批准；另一方面，每到五年规划实施的中期，政府还需要根据经济和社会发展变化了的情况，对规划原定的目标任务进行必要的修编，并按法定程序，提交各级人大常委会进行审议和批准。

第二节　我国实施中期预算与年度预算联动机制的不利条件分析

根据国发〔2015〕3 号文件明确提出，中期财政规划是中期预算的过渡形态。现行实施的中期财政规划改革，是为未来实施真正意义的中期预算，包括中期预算与年度预算联动机制进行必要的前期探索。然而，我国的中期财政规划改革并未完全达到预期的效果。尽管财政部印发了《财政部关于贯彻落实国务院决策部署推动地方实行中期财政规划管理的通知》（财预〔2015〕38 号，以下简称财预〔2015〕

38 号文件)，同时在《关于印发〈中央对地方专项转移支付管理办法〉的通知》(财预〔2015〕230 号) 中明确要求"专项转移支付实行中期财政规划管理"，但是全国各省对落实国发〔2015〕3 号文件的重视程度差距非常显著 (见表 4 - 2)。部分省级政府在国发〔2015〕3 号文件印发后，迄今尚未公开出台编制中期财政规划的专门文件。未能出台公开的专门文件的地方政府主要存在两种情况，一种是由省级财政部门与少数的政府职能部门协调，印发类似于《关于编制 2016 年省本级部门预算和 2016—2018 年中期支出规划的通知》的政府文件，在本部门试行三年滚动规划，以此作为对国发〔2015〕3 号文件的回应。另一种是由省级财政部门组织部门内部学习国发〔2015〕3 号文件，但对是否实施中期财政规划仍然持观望的态度。

表 4 - 2　　中国各个省级政府编制中期财政规划的发文字号

省份	省级政府发文字号	省级财政部门发文字号	市级政府发文字号
北京	京政发〔2015〕47 号		
河北	冀政〔2008〕72 号		
内蒙古	内政发〔2015〕50 号		
辽宁			大政发〔2015〕32 号
吉林	吉政发〔2015〕41 号		
黑龙江	黑政发〔2015〕23 号		
上海	沪府发〔2015〕37 号		
江苏		苏财预〔2015〕98 号	
浙江		浙财预〔2015〕19 号	
安徽		皖财预〔2016〕1443 号	
福建	闽政〔2015〕47 号		
江西	赣府发〔2015〕35 号		
山东	鲁政发〔2015〕15 号		
河南	豫政办〔2014〕48 号		
湖北	鄂政发〔2015〕45 号		
湖南		湘财预〔2015〕6 号	
广东	粤府〔2015〕58 号		

续表

省份	省级政府发文字号	省级财政部门发文字号	市级政府发文字号
广西	桂政办发〔2015〕34 号		
海南		琼财预〔2015〕1178 号	
四川	川府发〔2015〕29 号		
贵州		黔财预〔2015〕136 号	
云南		云财预〔2015〕340 号	
陕西	陕政发〔2015〕25 号		
甘肃	甘政发〔2015〕32 号		
青海	青政〔2015〕84 号		
宁夏	宁政发〔2015〕28 号		
新疆		新财预〔2016〕104 号	

注：江西与四川由省级政府直接转发国发〔2015〕3 号文件；河南、广西由省级政府办公厅印发文件；陕西、宁夏的政府文件内容未向社会公开。浙江由省财政厅直接转发财预〔2015〕38 号文件；湖南编制中期财政规划的文件是《湖南省财政厅关于编制省级重大基础设施建设中期（2016—2018 年）财政预算的通知》（湘财预〔2015〕6 号）；海南编制中期财政规划的政府文件是《海南省财政厅关于编制 2016 年省本级部门预算和 2016—2018 年支出规划的通知》（琼财预〔2015〕1178 号）；云南编制中期财政规划的政府文件是《云南省财政厅关于编制 2016—2018 年中期财政规划和 2016 年省级部门预算的通知》（云财预〔2015〕340 号）；西藏编制中期财政规划的文件是《西藏自治区财政厅关于编制自治区本级 2017 年部门预算和 2017—2019 年支出规划的通知》，新疆中期财政规划的政府文件是《新疆维吾尔自治区财政厅关于编制 2017—2019 年支出规划和 2017 年部门预算的通知》（新财预〔2016〕104 号）；辽宁选择副省级市的大连市作为试点，由大连市政府印发政府文件；天津、山西、重庆的中期财政规划仍然处于部分地级市或部分政府部门编制中期财政规划的试点阶段。

资料来源：根据全国 31 个省级政府网站公开的政府文件整理得出。

我国目前是依靠行政机关，尤其是财政部门来实施中期财政规划，以推动未来的中期预算改革。加之存在预算透明度不够高、税收的法律约束力不够强、若干尚未完全脱钩的重点支出对预算支出的硬约束等问题，导致中期财政规划实际改革成效低于预期，为我国未来能否成功实施中期预算与年度预算联动机制增添了不确定性。只有认识并解决这一系列问题，才能确保中期预算与年度预算联动机制的成功实施。

一　片面依靠行政机关推动中期预算改革存在动力不足的问题

政治经济体制改革往往伴随着约瑟夫·熊彼特描述的"创造性破坏"，同时创造了改革的"赢家"与"输家"。预算改革对每一个利益相关者而言，并不是一个严格意义上的"帕累托改进"，所有的利益损失者都可能成为未来实施中期预算改革的主要障碍。因此在现有制度框架下，作为未来推动中期预算改革的重要职能部门，财政部门、发改部门与其他政府职能部门，都可能存在改革动力不足的问题。

（一）发改部门与其他政府职能部门对实施中期财政规划和中期预算改革动力不足

1. 发改部门与其他政府职能部门对中期财政规划认知不足

虽然党的十八届三中全会《决定》明确提出"财政是国家治理的基础和重要支柱"，但是由于受到长期思维惯性的影响，政府各职能部门的工作人员仍然普遍认为，中期财政规划只是国民经济和社会发展五年规划统领下的一个专项规划，年度预算也只是国民经济和社会发展年度计划统领下的一个专项计划。因此，国家发展和改革委员会于 2016 年 7 月 5 日在以中共中央、国务院名义发布的《中共中央国务院关于深化投融资体制改革的意见》中明确要求："依据国民经济和社会发展规划及国家宏观调控总体要求，编制三年滚动政府投资计划，明确计划期内的重大项目，并与中期财政规划相衔接，统筹安排、规范使用各类政府投资资金。依据三年滚动政府投资计划及国家宏观调控政策，编制政府投资年度计划，合理安排政府投资。"①

2. 实施中期财政规划和中期预算改革会触动发改部门与其他政府职能部门的既得利益

中期财政规划是未来实施中期预算改革的探索，未来随着中期预算的实施，许多政府职能部门曾长期享有的行政立法权与资源分配

---

① 关于"三年滚动投资计划"的具体介绍可以参照《国家发展改革委关于加强政府投资项目储备编制三年滚动投资计划的通知》（发改投资〔2015〕2463 号）。

权，将会逐渐集中到政府法制办与财政部门。虽然国发〔2015〕3 号文件明确提出"财政部牵头编制全国中期财政规划"，但是部分地区的发改部门与其他政府职能部门认为，国发〔2015〕3 号文件只是财政部门为了与其他政府职能部门争夺预算权力，通过国务院颁布的一个政府文件。因此，部分地区的政府职能部门对是否贯彻落实该文件仍采取观望的态度。

（二）财政部门对实施中期预算改革动力不足

2014 年修正的《预算法》并未对实施中期预算作明文规定，只是在第 12 条第 2 款提出"各级政府应当建立跨年度预算平衡机制"。由国务院颁布的国发〔2015〕3 号文件只是要求政府各部门编制中期财政规划，并没有说明中期财政规划是否需要提交立法机关进行审批。作为实施中期财政规划的牵头部门，财政部门的部分工作人员主要存在着两种观点。（1）国发〔2015〕3 号文件所提出的中期财政规划与国民经济和社会发展五年规划没有直接的关系。中期财政规划在时间设计上，既无法与国民经济和社会发展五年规划衔接，也无法与五年立法规划衔接。（2）我国编制中期财政规划便已经达到改革要求。对于国发〔2015〕3 号文件提出的"根据经济社会发展情况适时研究调整，使中期财政规划渐进过渡到真正的中期预算"，国务院与财政部迄今并没有公开具体的改革时间表。

未来随着中期财政规划过渡到中期预算，作为最高权力机关的全国人大，最终应承担起全国预算的实际决策者和监督者的职责，包括财政部门的权力也将受到严格约束。然而在现有体制框架下，由于发改部门与其他政府职能部门，包括财政部门对实施中期财政规划以及中期预算改革都存在着改革动力不足的问题。部分预算理论研究者以及部分实务部门的工作人员甚至混淆了跨年度预算平衡机制、中期财政规划和中期预算，认为跨年度预算平衡机制、中期预算、中期财政规划、三年滚动政府投资计划是描述同一个概念。在这种错误观念的误导下，中期预算问题被片面地理解为经济问题和管理问题，只重视实施中期预算的预测功能，却忽视了实施中期预算对国家治理的重要性。因此，片面地依靠行政机关来推动中期财政规划过渡到真正的中期预算，很容易陷入"先试点，再规划，不立法"的改革路径，存在着沦为部门规划的风险。

二　现行的预算管理模式难以支撑联动机制的构建

（一）现行的预算管理程序难以支撑联动机制的构建

1. 我国预算编制和审批时间过于短暂

根据我国现行的预算流程设计，财政部门和上级政府部门在已经审批各个部门所编制政府预算的前提下，再将所有部门预算汇总成预算报告提交本级人民代表大会审批，是一种"自下而上"的审核过程。当本级人民代表大会批准预算报告后，预算资金应按照预算编制的要求如数下拨，财政部门和上级政府部门的主要任务，应该是协同人大和审计机关严格监督预算资金合规性，并在此基础上实施预算绩效考核。

然而，目前我国预算编制和审批时间过于短暂。（1）预算编制时间过短。根据 2015 年修订的《预算法实施条例（修订草案征求意见稿）》的规定，虽然预算申请的时间已提前到上一个预算年度的 6 月份，但是预算准备时间与发达国家（美国、英国预算编制时间接近一年）相比，仍然存在着巨大的差距。（2）预算审批时间过短。我国各级人大代表一般只能在短短几天的会期内，对财政部门的预算报告及其他政府部门的工作报告进行审阅和表决（美国和英国分别为 8 个月和 5 个月），而人大代表不可能有精力在短时间内认真审阅预算报告的所有内容。

我国中央和地方大量的项目都是以年度决策为主，缺乏中长期决策的有力支撑，加之在短暂的预算编制和审批时间内，部分项目更侧重于考虑争取预算资金的支持，在缺乏战略指导与前期科学论证研究的情况下制定与批准。由于前期预算工作准备不足，为了保障预算资金在执行过程使用的合规性，导致预算执行过程中，再由享有一定的预算二次分配的权力部门间进行"层层批示"，项目资金呈现一种"自上而下"的审核过程。各级政府官员日程繁忙，没有充分的时间审查批示的项目；但如果各级政府官员未能及时批示，又会延误预算资金的拨付。这种弊政在一定程度上加剧了财政资金沉淀与"年底突击花钱"的问题。

2."一上一下"或"二上二下"的预算编制程序加剧了部门利
益之争

我国部分政府职能部门普遍采取的是"一上一下"或"二上二
下"的预算编制程序。现行的预算审批的流程,是各政府部门预算报
财政部门审查,下级政府部门预算报上级政府部门备案,预算申请缺
乏战略指导。一些政府职能部门是在既没有掌握政府政策重点或细
节,也缺乏预算资金限额约束的前提下进行预算申请。政府职能部门
通常根据经验,判断财政部门肯定会采取削减预算的行为,因此都会
留出40%甚至更高的富余编制部门预算。①

财政部门与其他政府职能部门之间这种"猫鼠游戏"的博弈,不
但造成预算资金在使用上存在严重的浪费,而且加剧了政策制定者之
间陷入狭隘的部门利益之争。一方面,各个部门都存在追求部门利益
最大化的动机。一些部门在预算"层次批示"的过程中,对资金分配
展开激烈争夺。个别部门官员甚至会滥用批示权,擅自设立名目截留
预算资金,致使不少基层政府经常直到下半年甚至年底才得到预算资
金,许多项目难以按时启动,许多上级的政策因此无法及时落实。另
一方面,"猫鼠游戏"的博弈严重挫伤了政府部门之间进行合作的动
机与诚意,一定程度上导致国民经济和社会发展规划、立法规划、中
期财政规划、土地资源规划、城乡建设规划、生态文明规划之间各自
为政,甚至在时间上都不能保持同步。在国发〔2015〕3号文件出台
前,全国大部分地方政府的财政滚动计划的探索和项目库建设陷入了
"囚徒困境",甚至沦落为财政部门与少数政府职能部门的"独角
戏"。即使国发〔2015〕3号文件出台后,仍有部分省区对中期财政
规划采取观望的态度,严重削弱了改革的效果甚至政府的权威。

狭隘的部门利益或机会主义利益,也是毛泽东所批判的宗派主
义,是反马克思主义的,不是无产阶级所需要的,而是剥削阶级所需

---

① 曲哲涵:《财政支出要"花对地方"》,《人民日报》2015年2月9日。

要的。① 毛泽东早在 1941 年 11 月 6 日召开的陕甘宁边区参议会上明确指出："国事是国家的共事，不是一党一派的私事……共产党是为民族、为人民谋利的政党，它本身绝无私利可图。它应该接受人民的监督，而不应该违背人民的意志。它的党员应该站在民众之中，而决不应该站在民众之上。"② 政府间存在狭隘的部门利益，将严重违背中国共产党的指导思想，可能导致预算只对政治上权宜之计领域和只涉及小范围选民福利领域进行支出，加剧了部门之间对狭隘部门利益的恶性竞争，严重侵害国家与人民的根本利益。

（二）我国目前的预算透明度难以支撑联动机制的构建

公开透明的预算，不但有利于更好地向民众反映政府即将或正在实施的公共政策，同时也是确保中期预算与年度预算联动机制成功运行的关键。2014 年修订后的《预算法》明确要求行政机关须向立法机关提交一般公共预算、国有资本经营预算、政府性基金预算和国有资本经营预算，在法律形式上基本实现了"全口径"预算，这标志着我国的预算公开透明改革上取得了明显的进展。但是，我国历史上对预算透明度改革欠账较多③，即使由财政部制定的《政府收支分类科目》每年都在预算透明度取得一定突破，但直到 2016 年，我国的收入科目和支出科目的"类"仍尚未编制齐全。④ 其中国有资本经营预算、政府性基金预算和社会保险基金预算更像是一种"备案制"，"财政专户"继续游离于预算程序。具体而言，我国较低水平的预算透明度主要表现在以下两个方面。

1. 财政部门、审计部门与政府职能部门之间信息不对称

（1）相对低下的预算透明度限制了财政部门监督的能力。在

---

① 毛泽东:《毛泽东选集》（第三卷），人民出版社 1991 年版，第 830—846 页。

② 同上书，第 807—810 页。

③ 虽然《保守国家机密暂行条例》已于 1989 年被废除，但是 1997 年制定的《经济工作中国家秘密及密级具体范围的规定》仍将"反映财政、金融运行形势和专题研究的统计报告"被定为机密。

④ 根据财政部制定的《2016 年政府收支分类科目》，收入科目中的社会保险基金收入、非税收入、债务收入、转移性收入的部分"款"处于空缺，而支出科目"款"的空缺问题更加显著，其中"预备费"只编制到"类"。

1997 年国家保密局和财政部联合制定的《经济工作中国家秘密及密级具体范围的规定》中，将"反映财政、金融运行形势和专题研究的统计报告"定为机密。虽然 2008 年颁布的《国务院信息公开条例》和 2014 年修正的《预算法》，使得我国的预算公开透明有了较大改进，但是我国的预算透明度同西方发达国家相比，仍然处于较低的水平，财政部门难以对各支出部门形成有效的财政监督机制。在上海财经大学公共政策研究中心 2010—2015 年对全国各省 341 个单位预算透明度的评估中，大部分单位的得分均未超过 30 分（满分被指数化为 100 分）。①

（2）预算外资金的存在限制了财政部门的监督能力。党的十一届三中全会确立了"以经济建设为中心"的指导方针。为了发展商品经济（市场经济），我国财政职能与经营性国有资产所有者职能逐渐分开运行，财政从国有经营性资产投资管理领域退出，成为社会主义市场经济条件下财政的一个特色。② 虽然改革成功调动了市场各个经济主体的积极性，但是却未能对新中国成立初期便已存在"预算外支出"建立起有效的财政监督机制。即使预算外支出在 2012 年已经取消，但是一些部委和地方政府利用权力下放的机会，依然保留着大量长期游离于预算程序的政府性基金和"财政专户"，成为财政监督的"死角"与滋生公共权力"寻租"的"温床"。

（3）行政主导的审计监督模式限制了审计的法律效力。《宪法》第 91 条第 1 款规定："国务院设立审计机关，对国务院各部门和地方各级政府的财政收支，对国家的财政金融机构和企业事业组织的财务收支，进行审计监督。"第 91 条第 2 款规定："审计机关在国务院总理领导下，依照法律规定独立行使审计监督权，不受其他行政机关、社会团体和个人的干涉。"在行政主导的审计监督模式下，审计机构的人事任免权与审计程序由本级的行政机构领导所决定，审计结果披

---

① 上海财经大学公共政策研究中心：《2015 中国财政透明度报告》，上海财经大学出版社 2015 年版，第 127 页。

② 何振一：《理论财政学》（第二版），中国财政经济出版社 2005 年版，第 63 页。

露也受到了严格限制①，严重弱化了立法机关的监督权。

2. 立法机关与行政机关之间存在信息不对称问题

我国每年召开人民代表大会时，部分人大代表审议预算报告时经常无从下手，在表达意见时只能"随大溜"，导致有效的监督和审查无从谈起。②（1）预算具有很强的专业性，而人大代表来自各行各业，对于非专业的人员审阅存在困难。改革开放以来，我国虽然在各级人大常委会下设财经委，部分人大常委会还下设预算工作委员会，但是仍然难以完全胜任预算的审议工作。（2）预算报告尚不全面。虽然行政机关须向立法机关提交一般公共预算、国有资本经营预算、政府性基金预算和国有资本经营预算进行审批，在形式上基本实现了"全口径"预算，但是距离真正的"全口径"预算还存在一定的差距。一方面，由立法机关负责审批预算报告仍然比较"笼统"，其中经济分类科目只编制到"款"；另一方面，国有资本经营预算、政府性基金预算和社会保险基金预算更像是一种"备案制"，"财政专户"继续游离于预算程序。

三　税收的法律约束力不够强成为构建联动机制的阻碍

税收是一般公共预算收入的重要组成部分。如果税收缺乏足够的法律约束力，不但波动的财政收入及其对国民经济产生的扰动会严重阻碍中期预算的预测准确性，而且会严重偏离依法治国的战略目标。

洛克认为，"未经人民自己或其代表同意，绝不应该对人民的财产课税……立法机关不应该也不能把制定法律的权力让给任何其他人，或把它放在不是人民所安排的其他任何地方"。③我国的《宪法》第 56 条规定，"中华人民共和国公民有依照法律纳税的义务"，但是《宪法》并未对谁负责征税作出明确的规定。《立法法》第 8 条第 6 款规定，"税种的设立、税率的确定和税收征收管理等税收基本制度只能制定法律"；第 10 条第 1 款规定，"授权决定应当明确授权的目的、

---

① 李俊生、王淑杰：《论国会预算权力的实现机制》，《宏观经济研究》2011 年第 3 期。

② 午言：《让人大代表看懂看清财政报告》，《人民日报》2015 年 2 月 9 日。

③ ［英］洛克：《政府论》（下篇），叶启芳、瞿菊农译，商务印书馆 2005 年版，第 90 页。

事项、范围、期限以及被授权机关实施授权决定应当遵循的原则等";第 10 条第 2 款规定,"授权的期限不得超过五年,但是授权决定另有规定的除外"。

依据第六届全国人大常委会第七次会议①以及第六届全国人大第三次会议②的决定,国务院不但承担了大部分税收立法的主要职责,而且还负责为《预算法》和其他相关财政支出的法律起草实施条例。虽然我国已经颁布《税收征收管理法》,然而我国行政机关的税收立法权尚未完全交还立法机关,甚至没有颁布具体的改革时间表和路线图。迄今为止,只有个人所得税、企业所得税法、车船税是依据全国人大及其常委会制定的税收法律开征,其余 15 个税种均由国务院"立规"开征,其中,9 个税收所依据的暂行条例时间已经超过 20 年,《城市建设维护税暂行条例》甚至已经超过 30 年,进出口关税更直接被命名为《进出口关税条例》(见表 4 - 3)。

由于行政机关的税收立法权迄今尚未完全交还立法机关,行政机关经常在未取得立法机关明确授权的情况下,直接实施税收制度改革。例如国务院曾经以"改革试点"的名义,未经全国人大审议批准,便通过《国务院批转发展改革委关于 2010 年深化经济体制改革重点工作意见的通知》(国发〔2010〕15 号)③以及 2011 年国务院第 136 次常务会议④,授权上海、重庆等部分城市对个人住房征收房产税。这些现象看似是政府及时实施了宏观经济调控政策,事实上却严重背离了 2009 年全国人大常委会废止《关于授权国务院改革工商

---

① 1984 年 9 月 18 日,第六届全国人大常委会第七次会议作出决定:"授权国务院在实施国营企业利改税和改革工商税制的过程中,拟定有关税收条例,以草案形式发布试行。"2009 年 6 月 27 日,第十一届全国人大常委会第九次会议通过《全国人民代表大会常务委员会关于废止部分法律的决定》,废除《全国人民代表大会常务委员会关于授权国务院改革工商税制发布有关税收条例草案试行的决定》。

② 1985 年 4 月 10 日,第六届全国人大第三次会议作出决定:"授权国务院在经济体制改革和对外开放方面可以制定暂行的规定或者条例。"

③ 《国务院批转发展改革委关于 2010 年深化经济体制改革重点工作意见的通知》(国发〔2010〕15 号)明确提出"逐步推进房产税改革"。

④ 2011 年 1 月 26 日,国务院第 136 次常务会议同意在部分城市进行对个人住房征收房产税改革试点。2011 年 1 月 28 日起,上海、重庆市对个人住房开征房产税。

表4-3　　　　　　　　　　我国税收及其征税依据

税收条目	征税依据	发文字号	通过或修订时间
税收征管	《税收征收管理法》	主席令〔1992〕第49号	1992年通过，2001年、2013年、2015年修订
增值税	《增值税暂行条例》	国务院令〔1993〕第538号	1993年通过，2008年修订
消费税	《消费税暂行条例》	国务院令〔1993〕第539号	1993年通过，2008年修订
营业税	《营业税暂行条例》	国务院令〔1993〕第540号	1993年通过，2008年修订
企业所得税	《企业所得税法》	主席令〔2007〕第63号	2007年通过
个人所得税	《个人所得税法》	主席令〔1994〕第48号	1980年通过，1993年、1999年、2005年、2007年（两次）、2011年修订
资源税	《资源税暂行条例》	国务院令〔1993〕第139号	1993年通过，2011年修订
城市建设维护税	《城市建设维护税暂行条例》	国发〔1985〕19号	1985年通过，2011年修订
房产税	《房产税暂行条例》	国发〔1986〕90号	1986年通过，2011年修订
印花税	《印花税暂行条例》	国务院令〔1988〕第11号	1988年通过，2011年修订
城镇土地使用税	《城镇土地使用税暂行条例》	国务院令〔1988〕第17号	1988年通过，2006年、2011年、2013年修订
土地增值税	《土地增值税暂行条例》	国务院令〔1993〕第138号	1993年通过，2011年修订
车船税	《车船税法》	主席令〔2011〕第43号	2011年通过
船舶吨税	《船舶吨税暂行条例》	国务院令〔2011〕第610号	2011年通过
车辆购置税	《车辆购置税暂行条例》	国务院令〔2000〕第294号	2000年通过
关税	《进出口关税条例》	国务院令〔2003〕第392号	2003年通过
耕地占用税	《耕地占用税暂行条例》	国务院令〔2007〕第511号	2007年通过
契税	《契税暂行条例》	国务院令〔1997〕第224号	1997年通过
烟草税	《烟草税暂行条例》	国务院令〔2006〕第464号	2006年通过

注：我国已于2016年5月1日全面推开"营改增"试点。

资料来源：根据国家税务总局公开的政府文件整理得出。

税制发布有关税收条例草案试行的决定》。① 甚至对于已经颁布法律的税种（包括企业所得税、个人所得税、车船税），部分政府部门仍然在未取得立法机关明确授权的情况下，通过召开政府常务会议或制定政府文件等举措，直接实施结构性减税、税收优惠等财税政策。②

四 若干尚未完全脱钩的重点支出对预算支出的硬约束阻碍联动机制的构建

中期预算要求对预算总额进行严格控制，同时依据战略优先性以及绩效对预算支出进行分配。迄今尚未同财政收支增幅或生产总值增幅或比重脱钩的重点支出，势必将成为未来实施中期预算改革，尤其是实施中期预算与年度预算联动机制的主要障碍。

（一）尚未完全脱钩的重点支出不但偏离了党的十八届三中全会报告的精神，同时也削弱了《预算法》的权威性

《预算法》是约束政府行为的"经济宪法"，这就要求全国人大颁布的其他经济类法律在涉及预算资金的条款时，不能与《预算法》相互抵触，同时国家政策涉及预算资金的使用项目，也必须受到《预算法》的严格约束。党的十八届三中全会《决定》明确要求："清理规范重点支出同财政收支增幅或生产总值挂钩事项，一般不采取挂钩方式。"2014 年修订的《预算法》第 37 条第 3 款规定："各级一般公共预算支出的编制，应当统筹兼顾，在保证基本公共服务合理需要的前提下，优先安排国家确定的重点支出。"

新修订的《预算法》实施以来，绝大部分法律、法规与政府文件已经不再出现类似于"确保××支出或经费的增长高于财政经常性收入的增长比例"的条款。然而长期以来政府"部门立法"的国家治理模式，使得在预算资金的使用上，部分法律、法规与政府文件时常凌驾于《预算法》之上。例如，2015 年新修正的《预算法》正式实施后，部分法律、法规与政府文件，仍然继续保留着同财政收支增幅

---

① 何海波：《依法行政，请从国务院做起》，《改革内参》2014 年第 7 期。
② 结构性减税和税收优惠政策，是改革开放初期我国各级政府为了吸引外资的临时举措。虽然 2008 年企业所得税已实现内外资并轨，但是政府为了应对国际金融危机而实施的结构性减税和税收优惠政策仍然存在。

或生产总值挂钩的条款（见表4-4）。《韩非子·有度》认为，"国无常强，无常弱。奉法者强，则国强；奉法者弱，则国弱"。① 《预算法》沦为"部门立法"的尴尬地位，不但偏离了党的十八届三中全会报告的精神，同时也削弱了《预算法》的权威性，势必引起民众对政府部门公信力的各种猜疑。

表4-4　我国尚未完全脱钩的主要"重点支出"及其支出目标

领域	法律、党的方针与国家政策	支出目标
教育	《义务教育法》（1986年通过，2006年、2015年修订）	第42条第3款：国务院和地方各级人民政府用于实施义务教育财政拨款的增长比例应当高于财政经常性收入的增长比例，保证按照在校学生人数平均的义务教育费用逐步增长，保证教职工工资和学生人均公用经费逐步增长
	《教育法》（1995年通过，2009年、2015年修订）	第56条第2款：各级人民政府教育财政拨款的增长应当高于财政经常性收入的增长，并使按在校学生人数平均的教育费用逐步增长，保证教师工资和学生人均公用经费逐步增长
	《职业教育法》（1996年通过）	第27条第2款：各级人民政府、国务院有关部门用于举办职业学校和职业培训机构的财政性经费应当逐步增长
	《高等教育法》（1998年通过，2015年修订）	第60条第2款：国务院和省、自治区、直辖市人民政府依照教育法第56条的规定，保证国家兴办的高等教育的经费逐步增长
	《国家中长期教育改革和发展规划纲要（2010—2020年)》（2010年通过）	第56条：保证财政教育拨款增长明显高于财政经常性收入增长，并使按在校学生人数平均的教育费用逐步增长，保证教师工资和学生人均公用经费逐步增长。提高国家财政性教育经费支出占国内生产总值比例，2012年达到4%

---

① 刘乾先、韩建立、张国昉、刘坤：《韩非子译注》，黑龙江人民出版社2003年版，第47页。

续表

领域	法律、党的方针与国家政策	支出目标
教育	《关于实施农村义务教育学生营养改善计划的意见》（国办发〔2011〕54号）	中央财政为试点地区农村义务教育阶段学生提供营养膳食补助，标准为每生每天3元，所需资金全部由中央财政承担……从2011年秋季学期起，将补助家庭经济困难寄宿学生生活费标准每生每天提高1元，达到每生每天小学4元、初中5元。中央财政对中西部地区落实基本标准所需资金按照50%的比例给予奖励性补助
农业	《农业法》（1993年通过，2002年、2009年、2012年修订）	第38条第1款：国家逐步提高农业投入的总体水平。中央和县级以上地方财政每年对农业总投入的增长幅度应当高于其财政经常性收入的增长幅度
科技	《农业技术推广法》（1993年通过，2012年修订）	第28条第1款：国家逐步提高对农业技术推广的投入。各级人民政府在财政预算内应当保障用于农业技术推广的资金，并按规定使该资金逐年增长
	《科技进步法》（1993年通过，2007年修订）	第59条：国家逐步提高科学技术经费投入的总体水平；国家财政用于科学技术经费的增长幅度，应当高于国家财政经常性收入的增长幅度。全社会科学技术研究开发经费应当占国内生产总值适当的比例，并逐步提高
文化	《中共中央关于加强社会主义精神文明建设若干重要问题的决议》（1996年通过）	第23条：中央和地方财政对宣传文化事业的投入，要随着经济的发展逐年增加，增加幅度不低于财政收入的增长幅度
	《文化部"十二五"时期公共文化服务体系建设实施纲要》（文公共发〔2013〕3号）	发展目标：到"十二五"期末，要保证公共财政对文化建设投入的增长幅度高于财政经常性收入增长幅度，提高文化支出占财政支出比例
	《关于加快构建现代公共文化服务体系的意见》（中办发〔2015〕2号）	《国家基本公共文化服务指导标准（2015—2020年）》：县级以上各级政府按照标准科学测算所需经费，将基本公共文化服务保障资金纳入财政预算，落实保障当地常住人口享有基本公共文化服务所需资金。中央和省级财政通过转移支付对老少边穷地区基本公共文化服务保障资金予以补助，同时，对绩效评价结果优良的地区予以奖励。县级以上各级政府安排资金，面向社会力量购买公共文化服务

续表

领域	法律、党的方针与国家政策	支出目标
计划生育	《计划生育法》（2001 年通过，2015 年修订）	第 15 条第 1 款：国家根据国民经济和社会发展状况逐步提高人口与计划生育经费投入的总体水平。各级人民政府应当保障人口与计划生育工作必要的经费
	《中共中央、国务院关于全面加强人口和计划生育工作统筹解决人口问题的决定》（中发〔2006〕22 号）	人口和计划生育财政投入增长幅度要高于经常性财政收入增长幅度，确保法律法规规定的各项奖励优惠政策、县乡人口和计划生育技术服务机构基本建设和队伍建设、计划生育经常性工作、计划生育免费基本技术服务等经费的落实
卫生	《中共中央、国务院关于深化医药卫生体制改革的意见》（中发〔2009〕6 号）	第 10 条第 2 款：逐步提高政府卫生投入占卫生总费用的比重，使居民个人基本医疗卫生费用负担有效减轻；政府卫生投入增长幅度要高于经常性财政支出的增长幅度，使政府卫生投入占经常性财政支出的比重逐步提高
	《国家卫生计生委等 5 部门关于进一步做好计划生育特殊困难家庭扶助工作的通知》（国卫家庭发〔2013〕41 号）	自 2014 年起，将女方年满 49 周岁的独生子女伤残、死亡家庭夫妻的特别扶助金标准分别提高到：城镇每人每月 270 元、340 元，农村每人每月 150 元、170 元，并建立动态增长机制
环境保护	《国务院关于环境保护若干问题的决定》（国发〔1996〕31 号）	各省、自治区、直辖市应遵循经济建设、城乡建设、环境建设同步规划、同步实施、同步发展的方针，切实增加环境保护投入，逐步提高环境污染防治投入占本地区同期国民生产总值的比重，并建立相应的考核检查制度
	《国务院关于加快发展节能环保产业的意见》（国发〔2013〕30 号）	加大中央预算内投资和中央财政节能减排专项资金对节能环保产业的投入，继续安排国有资本经营预算支出支持重点企业实施节能环保项目

续表

领域	法律、党的方针与国家政策	支出目标
社会保障	《社会保险法》（2010 年通过）	第 13 条第 2 款：基本养老保险基金出现支付不足时，政府给予补贴。 第 18 条：国家建立基本养老金正常调整机制。根据职工平均工资增长、物价上涨情况，适时提高基本养老保险待遇水平。 第 47 条：失业保险金的标准，由省、自治区、直辖市人民政府确定，不得低于城市居民最低生活保障标准
	《国务院关于整合城乡居民基本医疗保险制度的意见》（国发〔2016〕3 号）	城乡居民医保基金主要用于支付参保人员发生的住院和门诊医疗费用。稳定住院保障水平，政策范围内住院费用支付比例保持在 75% 左右。进一步完善门诊统筹，逐步提高门诊保障水平。逐步缩小政策范围内支付比例与实际支付比例之间的差距

资料来源：根据中华人民共和国中央人民政府以及相关职能部门网站公开的法律法规整理得出。

（二）尚未完全脱钩的重点支出不但给财政可持续造成了严峻挑战，而且加剧了其他政府职能部门对属于非重点支出部分的有限资金展开激烈的争夺

1. 尚未完全脱钩的重点支出所确定的各种碎片化目标往往呈现刚性增长，使预算资金很容易被透支

目前，教育部、农业部、科技部、文化部、卫计委、环保部、人社部等各个部委仍享有相对独立的部门立法权以及预算分配权。虽然这些尚未完全脱钩的重点支出所确定的"合法"基数，"意味着各集团不必每年为他们过去的经过努力争得的预算基数而付出新的努力，这种预算管理制度为各集团的预算提供了安全性与稳定性"[①]，缓解了个别部门竞争压力，有利于从制度上保障相关预算资金及时落实。然

---

① ［美］杰克·瑞宾、［美］托马斯·D. 林奇：《国家预算与财政管理》，丁学东、居昊、王子林、吴俊培、王洪、罗华平译，中国财政经济出版社 1990 年版，第 99 页。

而，这些游离于预算程序之外的重点支出，其所确定的各种碎片化目标往往呈现刚性增长，使预算资金很容易被透支。2014 年，我国公共预算所安排的与财政收支增速或生产总值挂钩的重点支出（教育、科技、农业、文化、医疗卫生、社保、计划生育）就占全国财政支出的 47%。[①]

2. 各个政府职能部门每年经常为争取非重点支出的预算资金，与财政部门展开激烈的"讨价还价"

财政部门与其他政府职能部门在预算资金的分配中存在"委托—代理"关系。对于部分项目，财政部门很难找到一个公平合理的标尺来判断其他政府职能部门使用预算资金的绩效。部分政府职能部门，尤其是在经济欠发达地区的政府职能部门，经常抱怨作为委托方的财政部及其他上级部门不熟悉作为代理方所承担的公共事务，这导致一些具有战略视角的项目由于缺乏可持续的预算资金支持而难以取得成效。与此同时，执行公共政策的每一个政府职能部门往往存在追求本部门利益最大化的动机，希望尽可能多地在预算编制程序中争取预算资金的支持。

威尔达夫斯基认为，"财政部的责任是管理经济，而其他政府职能部门的责任在于管理其分内的事情……财政部对其他政府职能部门类似于一个'必要的恶魔——必需的又是邪恶的'"。[②] 每个政府职能部门看似都在依据《预算法》的相关规定编制部门预算，然而他们的部门预算规模很大程度上却是由政府职能部门之间的博弈能力所决定，即出现了"会哭的孩子有奶吃"的博弈结果。由于财政部门与其他政府职能部门之间存在着"信息不对称"的问题，而每一个政府职能部门往往存在着追求本部门利益最大化的动机，很容易导致财政部门忽视了对更具战略视角的项目提供足够的预算资金支持。

---

① 刘尚希：《财政改革的四大挑战》，《改革内参》2016 年第 2 期。

② ［美］阿伦·威尔达夫斯基：《预算：比较理论》，苟燕楠译，上海财经大学出版社 2009 年版，第 77 页。

第五章 中期预算与年度预算联动 机制构建的模型设计

本章主要是通过对我国现有制度框架下各种规划的深入分析，揭示出各种规划之间的逻辑关系，进而根据深化预算管理制度改革的客观要求，构建出在新制度框架下中期预算与年度预算联动机制的模型。这一模型主要是在五年期间内，对国民经济和社会发展五年规划、五年立法规划、中期预算进行衔接；同时在一个年度内，对国民经济和社会发展年度计划、年度立法计划、年度预算进行衔接，共同构建起国家规划管理现代化的基本模式。为深入研究中期预算与年度预算之间的联动机制，本章还运用了系统动力学、运筹学等方法，构建出了中期预算与年度预算的联动机制模型，厘清中期预算与年度预算之间的衔接问题，最后确定了中期预算与年度预算联动的工作机制。

第一节 中期预算与年度预算联动 机制的模型框架构建

在现有的制度框架下，财政部的中期财政规划和全国人大的五年立法规划，本质上只是国民经济和社会发展五年规划的专项规划。政府各职能部门只能被动地以国民经济和社会发展五年规划所设定的目标、任务、时限等要求，作为编制中期财政规划的基本依据。这种制度框架对实施中期财政规划与中期预算，以及构建对政府公共权力约束机制，都存在着不利因素。本书按照国家治理体系和治理能力现代化的客观要求，提出了国家规划管理现代化的基础和重要支柱，是国民经济和社会发展五年规划、中期预算与五年立法规划的模型理论假设。本书将国民经济和社会发展五年规划、中期预算、五年立法规划进行了初步衔接，形成了一个可以互通互联的有机整体；同时，通过体制机制创新和政策创新作为动力，推动中期预算在目标、任务、时间等方面实现联动，以及年度预算、国民经济和社会发展年度计划、年度立法计划的联动，共同构成国家规划管理现代化的基本模式。

一　现有制度框架下中期财政规划与年度预算联动机制的模型框架构建

自新中国成立以来，从"一五"计划到"十三五"规划，国民经济和社会发展五年规划一直是党和政府治理国家的主要方略。在现有制度框架下，国民经济和社会发展五年规划已经成为一个发挥着统领作用的"总体规划"或"上位规划"。根据《国务院关于加强国民经济和社会发展规划编制工作的若干意见》（国发〔2005〕33号，以下简称国发〔2005〕33号文件）对总体规划、专项规划和区域规划的定位，国民经济和社会发展五年规划不仅是下一级政府国民经济和社会发展规划编制的主要依据，而且对处于同一层级的各种专项规划（包括中期财政规划、五年立法规划）以及各种区域发展规划也起着统领的作用。

因此，在现有制度框架下，中期财政规划与年度预算联动机制的模型，只能在国发〔2005〕33号文件与国发〔2015〕3号文件的框架内实施（见图5-1）。换言之，中期财政规划、五年立法规划本质上只是国民经济和社会发展五年规划的专项规划。政府各职能部门只能被动地以国民经济和社会发展五年规划所设定的目标、任务、时限等要求，作为编制中期财政规划的基本依据。例如，我国国民经济和社会发展"十三五"规划纲要中对中期财政规划和年度预算的要求便是："中期财政规划和年度预算要结合本规划提出的目标任务和财力可能，合理安排支出规模和结构。"

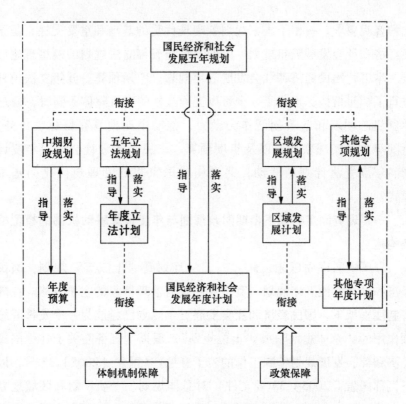

图 5 - 1　现有制度框架下中期预算与年度预算联动机制的模型框架构建

虽然我国国民经济和社会发展五年规划与年度计划联动，已经经过了十二个五年规划的长期成功检验，但是在国家治理体系和国家治理能力现代化的背景下，尤其是将财政作为国家治理的基础和重要支柱，建立法治国家和法治政府的背景下，现有的制度框架对实施中期财政规划与中期预算，以及构建对政府公共权力的约束机制，都存在不利因素。

（一）现有的制度框架不利于实施中期财政规划与中期预算改革

1. 现行的中期财政规划对年度预算缺乏约束力

目前，世界实施中期预算的许多国家，立法机关虽然会审查行政机关提交的中期预算，但是一般只负责批准行政机关提交的年度预算。在我国，年度预算主要由国务院或者地方各级政府依据《预算法》的规定编制，再由全国人大或地方的本级人大依据《宪法》和

《预算法》的规定批准实施，具有相应的法律效力。虽然我国在《国务院关于深化预算管理制度改革的决定》（国发〔2014〕45 号，以下简称国发〔2014〕45 号文件）中提出"实行中期财政规划管理"，并在国发〔2015〕3 号文件中进一步明确提出"中期财政规划是中期预算的过渡形态"，但是 2014 年修正的《预算法》中并未明确提出编制中期预算或者中期财政规划。因此，中期财政规划只是国务院与地方各级政府的专项规划或政策。根据上位法高于下位法的规则，缺乏法律依据的中期财政规划无权约束具有法律依据的年度预算。所以，国发〔2015〕3 号文件中"强化中期财政规划对年度预算编制的约束"，在实际执行中很难落实到位。

2. 现行的中期财政规划缺乏与其他政府规划的衔接机制

（1）三年滚动的机制设计难以与其他"期间型"的政府规划相衔接。国发〔2015〕3 号文件明确要求我国的中期财政规划按照三年滚动方式编制，即中期财政规划的编制周期是在年度预算的编制周期的基础上再往后递推两年。然而，我国的国民经济和社会发展五年规划、五年立法规划等都是"期间型"规划。以国民经济和社会发展五年规划为例，"十三五"规划的执行时间是 2016—2020 年，"十四五"规划的执行时间将是 2021—2025 年。即使中期财政规划完全按照国民经济和社会发展五年规划制定的目标执行，但到 2018 年和 2019 年时，中期财政规划的编制周期将突破"十三五"规划的编制周期，而此时"十四五"规划尚未开始编制。因此，中期财政规划不但无从约束其他政府规划，甚至难以预测政府的公共政策。

（2）现行的中期财政规划对其他政府规划缺乏约束力。新中国成立以来长期形成的制度惯性，使得公共部门与民众可能普遍认为国民经济和社会发展规划过程比预算过程更为重要。在我国现行政治经济体制下，构建规划体系的基本要求是："建立以国民经济和社会发展总体规划为统领，以主体功能区规划为基础，以专项规划、区域规划、城乡规划和土地利用规划为支撑，各类规划定位清晰、功能互补、统一衔接的规划体系。"国家的国民经济和社会发展五年规划是依据中共中央提出制定规划的建议，由国务院编制报请全国人大审查批准。各级政府编制城乡规划主要依据《城乡规划法》，而各级政府编制的主体功能区规划、区域规划、国土资源规划都有相关的政府文件作为编制规划的政策依据。

作为中期预算过渡阶段的中期财政规划，其编制的主要依据是国务院颁布的国发〔2014〕45 号文件和国发〔2015〕3 号文件两项政府文件。这两项以国务院名义颁发的文件，在一定程度上仅相当于财政部门的专项规划，缺乏足够的法律效力和明确的指标体系。如果缺少强有力的权威部门对改革进行顶层设计，组建一个统一的预算核心机构来负责协助政府首脑实现政策与预算过程的衔接，作为在中期财政规划基础条件上建立的财经纪律，很容易被一些上级领导以某种理由临时安排所谓的重大公共政策与项目所破坏。例如在预算执行过程中，即使地方财政预算已经被地方人大批准，部分上级部门或地方政府长官却临时出台新的政策。在政府"官本位"的文化中，长官意志（如"批条子"、领导现场办公等）常常导致预算频繁变更①，陷入"一年预算，预算一年"的尴尬局面。

（二）不利于构建对政府公共权力的约束机制

在经济学的分析模式中，国家存在"掠夺之手"，政府代表国家垄断了合法使用暴力的权力。为了应对"水患""旱灾"以及外部强敌入侵等各种灾害，实现国家长期保持"大一统"的稳定局势，成为我国历朝历代的"社会共同需要"。因此，构建强大统一的中央王朝，成为国家长治久安的政治基础。从秦始皇统一中国并确立皇帝制度后，皇权与相权之间的相互制衡，共同构成了中央王朝的国家治理结构。部分学者认为，我国历史上曾经强盛一时的王朝大多数是因为吏治腐败等因素导致"官逼民反"，陷入了王朝"周期率"的怪圈。台湾地区学者傅乐成在《中国通史》中认为，外戚、宦官、权臣和藩镇是我国历史上改朝换代的内在因素。②

笔者通过对从秦朝到清朝两千多年中国王朝史的深入分析后发

---

① 马蔡琛：《如何解读政府预算报告》，中国财政经济出版社 2012 年版，第 175 页。
② 祁斌：《我眼中的大国崛起与衰落》，《改革内参》2015 年第 22 期。

现，虽然诸侯军阀割据与底层阶级的起义暴动，可能会严重地动摇王朝的统治根基，但是失去权力制衡的相权不断扩张其公共权力，最终发展到挑战皇权，才是各个王朝陷入"周期率"怪圈的根本原因。《韩非子·三守》认为，"人臣有大臣之尊，外操国要以资群臣，使外内之事非己不得行"①，是权臣篡夺君位的重要前提。从秦始皇统一中国并确立皇帝制度后，除了一代女皇武则天以外②，历朝历代的外戚、宦官、藩镇和权臣要想成功篡权，几乎都要以相权为平台架空皇权，为自身积累篡夺皇位的资本。③《韩非子·扬权》认为，"有道之

---

① 刘乾先、韩建立、张国昉、刘坤：《韩非子译注》，黑龙江人民出版社2003年版，第173页。

② 即使是武则天，最终也因张柬之、崔玄暐等宰相发动"神龙政变"而被迫退位。

③ 秦始皇建立皇帝制度以来所出现的权臣利用相权篡夺皇位，可以划分为以下三种主要情况。

第一种情况：权臣利用相权成功完成了改朝换代。主要包括西汉的王莽、东汉的曹操父子、曹魏的司马昭父子、前赵（汉赵）的石勒、东晋的刘裕、刘宋的萧道成、南齐的萧衍、南梁的陈霸先、东魏的高欢父子、西魏的宇文泰父子、北周的杨坚、隋朝的李渊、南诏的郑买嗣、唐朝的朱温（朱全忠）、大长和国的赵善政、大天兴国的杨干贞、后唐的石敬瑭、杨吴的徐知诰（李昪）、后汉的郭威、后周的赵匡胤、元朝（北元）的阿鲁台与清朝的袁世凯。后周后期，范质、王溥、魏仁溥等宰相实际已经投靠了赵匡胤，从而为赵匡胤成功发动"陈桥兵变"创造了重要条件。明太祖领导的北伐战争只是将元朝统治势力驱逐回蒙古高原，直到阿鲁台成功篡夺了蒙古黄金家族的统治权，元朝在蒙古高原的统治才被彻底肢解。清末革命党人领导的武昌起义虽然取得了成功，但是由于当时以袁世凯为核心的北洋集团拥有更强大的势力，迫使清朝皇室和南京临时政府最终都不得不向袁世凯妥协。

第二种情况：权臣利用相权不断地侵蚀皇权，严重削弱了朝廷的统治力，在客观上为底层民众造反或者外部政权入侵成功创造了历史机遇，最终完成了改朝换代。秦朝的赵高、西晋的司马伦等、吐蕃的论恐热（《旧唐书》《新唐书》记载为尚恐热）和尚婢婢、后梁的朱友珪和朱友贞、辽朝的耶律乙辛、北宋的蔡京、金朝的术虎高琪、南宋的贾似道、明朝的魏宗贤利用相权不断地侵蚀皇权，是导致秦朝、西晋、吐蕃、后梁、辽朝、北宋、金朝、南宋、明朝灭亡的重要原因。秦朝表面上是被刘邦、项羽的起义军推翻，但是从"沙丘之变"到"望夷宫之变"期间赵高利用相权所策划的一系列篡权夺位的行动，实际上才是导致秦朝灭亡的最直接原因。西晋表面上是被前赵（汉赵）灭亡，但是司马伦、司马颖、司马颙和司马越等通过相权争夺皇权的行动（史称"八王之乱"），直接导致了"五胡乱华"和西晋的灭亡。

第三种情况：权臣利用相权成功实现了篡位，但是由于权臣自身特殊的身份（一般是皇室宗亲）而没有变更国号。西晋的司马伦、后赵的石虎、唐朝的李世民、回纥（回鹘）的骨咄禄、后梁的朱友珪和朱友贞、后唐的李嗣源、北宋的赵光义（赵炅）、大理国的高升泰、金朝的完颜亮、西夏的李遵顼虽然没有改朝换代，但都利用相权成功实现了篡权夺位。

君，不贵其臣；贵之富之，彼将代之"。① 因此，历朝历代的强势皇帝为了王朝统治的稳定性，总是设法拆分甚至一度吞并对皇权威胁最大的相权②，由此形成了中国古代社会对皇帝负责的公共权力制衡机制。③

新中国是中国共产党领导下人民民主专政的社会主义国家。党委领导、政府主导的治理格局，不但避免了西方国家制度带来的碎片化、分利化问题，而且使得决策者能够从人民的长远利益、整体利益来考量国家发展。④ 我国各级税务部门、国库部门、审计机关均隶属于本级行政机关。我国现行的公共权力配置，确保了我国各级政府几乎不可能陷入类似于美国"政府关门"的窘境，但是也导致了各级立法机关与司法机关在预算程序中处于相对弱势的地位，不利于构建对政府公共权力的约束机制。受到历史惯性的影响，执政党领导下的政府存在着蜕变为官僚集团，割裂与人民血肉联系的风险。⑤ 改革开放以来，我国的经济发展取得了巨大成就，然而每当改革遭遇难以逾越的"瓶颈"时，通过各级行政机关颁布或发布政府文件，来贯彻落实政治领导人的重要讲话或重要批示，仍然是我国能否成功冲破改革阻力的关键，各级立法机关与司法机关所能发挥的作用十分有限。

根据 2004 年修正的《宪法》和 2014 年修正的《预算法》的有关规定，我国的国库支配权、预决算编制与审计权等预算权力基本被行

---

① 刘乾先、韩建立、张国防、刘坤：《韩非子译注》，黑龙江人民出版社 2003 年版，第 74 页。

② 如秦始皇设立御史大夫与太尉，汉武帝设立内朝，汉光武帝设立尚书台，隋文帝设立三省，唐太宗设立政事堂，宋太祖设立枢密与三司，金世宗设立尚书左右丞相，明太祖设立殿阁大学士，明成祖设立内阁，康熙帝设立南书房，雍正帝设立军机处。

③ 如隋唐时期设立的中书省、门下省和尚书省。其中，中书省负责草拟、颁发皇帝的诏令；门下省负责审核政令，驳正违失；尚书省负责执行政令。

④ 鄢一龙：《"五年规划"凸显制度优势》，《人民日报》（海外版）2015 年 11 月 11 日。

⑤ 鄢一龙、白钢、章永乐、欧树军、何建宇：《大道之行：中国共产党与中国社会主义》，中国人民大学出版社 2015 年版，第 4、9 页。

政机关所掌握。① 立法机关在预算编制中的地位更类似于一个政府职能部门，甚至出现了立法机关必须通过与财政部门讨价还价，才能为立法机关自身争取到足以维持其正常运转的部门预算的情况。立法机关的主要职责只是遵照《宪法》的有关要求②，对预算和决算进行程序性审查和批准。年度预算的工作流程尚有《宪法》《预算法》作为法律依据，编制中期财政规划的主要依据只是国发〔2015〕3号文件，实质上只是财政部门的专项规划。由于中期财政规划的实施既缺乏立法机关等其他权力机关的广泛参与，同时其对年度预算的约束力缺乏明确的法律依据，不利于构建对政府公共权力的约束机制。

二　新制度框架下中期预算与年度预算联动机制的模型框架构建

本书认为，虽然中国的国情决定其无法照搬西方"三权分立"的公共权力约束机制，但是"可以考虑对征税和开支的权力施以直接的宪法约束"③，通过广泛代表人民根本利益的最高权力机构负责严格审查政府的预算。每年3月召开的各级人大会议最重要的任务之一，就是人大代表受全国人民委托，依法审查和批准政府财政预算。"对于议会来说，只有首先控制了政府收支，才有可能控制政府的政策和工作，才可能从根本上控制政府，议会自己才能安身立命；对于人民而言，只有议会控制了政府收支，利益才不会受到政府侵犯，人民才能

---

① 《预算法》第31条规定，"编制预算草案的具体事项由国务院财政部门部署"；《预算法》第59条第4款规定，"各级国库库款的支配权属于本级政府财政部门"；《预算法》第74条第2款规定，"编制决算草案的具体事项，由国务院财政部门部署"。

《宪法》第91条第1款规定，"国务院设立审计机关，对国务院各部门和地方各级政府的财政收支，对国家的财政金融机构和企业事业组织的财务收支，进行审计监督"；第91条第2款规定："审计机关在国务院总理领导下，依照法律规定独立行使审计监督权，不受其他行政机关、社会团体和个人的干涉。"

② 《宪法》第62条第10款规定，"全国人民代表大会行使审查和批准国家的预算和预算执行情况的报告的职权"；《宪法》第67条第5款规定，"全国人民代表大会常务委员会在全国人民代表大会闭会期间，审查和批准国民经济和社会发展计划、国家预算在执行过程中所必须作的部分调整方案"；《宪法》第99条第2款规定，"县级以上的地方各级人民代表大会审查和批准本行政区域内的国民经济和社会发展计划、预算以及它们的执行情况的报告"。

③ Brennan G. , Buchanan, J. M. , 1985, *The Reason of Rules: Constitutional Political Economy*, Cambridge: Cambridge University Press, p. 154.

享有自由"。① 政府预算的本质，是政府受纳税人委托，代理负责配置
公共资源的职能，并向其提供的"一揽子"公共产品和服务的"契
约"，纳税人通过这份"契约"了解公共资金的使用情况，政府通过
这份"契约"获取财政资金的使用权。② 凡是未经人民代表大会批准
的年度预算与中期预算，必须只能停留在草案阶段。

党的十八届五中全会《决定》中明确提出："建立全面规范、公
开透明预算制度，完善政府预算体系，实施跨年度预算平衡机制和中
期财政规划管理。"通过实施中期预算与年度预算联动机制，建立更
加全面规范、公开透明的预算制度，有利于监督政府管理和使用好纳
税人的"钱袋子"，降低政府通过滥用公共权力侵害公共利益的风险，
保证政府是一个安全的政府，是实现国家治理体系和治理能力现代化
的迫切需求。在国家治理能力和治理体系现代化的大背景下，尤其在
中期预算与年度预算联动机制过程中，立法机关承担预算的实际决策
者和监督者的角色，不仅是一项重大的体制机制创新，而且是建设法
治国家的必然要求。未来的预算制度改革，应在《宪法》《立法法》
《预算法》的条款中更加体现人大代表的受托责任意识。在此基础上，
人大代表应充分行使对预算（年度预算与中期预算）编制的指导权、
预算草案的修改权、预算执行的监督权等，承担预算的实际决策者和
监督者，从而为实现预算权力运行机制的公开透明提供强有力的保障
机制。

为了实现上述目标，必须构建新制度框架下的中期预算与年度预
算联动机制，规避完全由行政机关授权财政部门主导的中期预算改革
最终沦为部门规划的风险。本书按照国家治理体系和治理能力现代化
的客观要求，提出了国家规划管理现代化的基础和重要支柱，是国民
经济和社会发展五年规划、中期预算与五年立法规划的模型理论假
设。本书将国民经济和社会发展五年规划、中期预算、五年立法规划
进行了初步衔接，形成了一个可以互通互联的有机整体；同时，通过

① 焦建国：《英国公共财政制度变迁分析》，经济科学出版社 2009 年版，第 192 页。
② 程瑜：《政府预算中的契约制度设计》，《中国财政》2008 年第 17 期。

体制机制创新和政策创新作为动力，推动中期预算在目标、任务、时间等方面实现联动，以及年度预算、国民经济和社会发展年度计划、年度立法计划的联动，共同构成国家规划管理现代化的基本模式（见图5-2）。

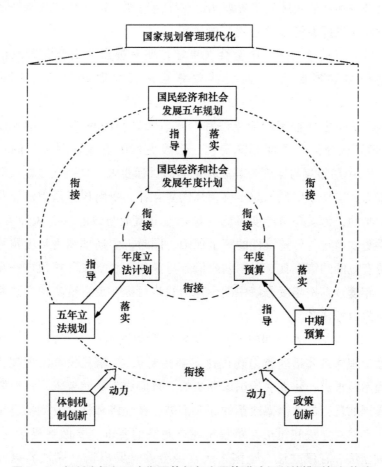

图5-2　新制度框架下中期预算与年度预算联动机制的模型框架构建

注：为了便于分析问题更加清晰简明，本书在本部分所涉及的新模型中，暂时忽略了在我国现行规划体系中同样重要的各种专项规划，以及区域发展规划。

　　本书之所以选择国民经济和社会发展五年规划、中期预算与五年立法规划作为支撑国家规划管理现代化的重要支柱，主要基于以下的理由：

（1）新中国成立以来，国民经济和社会发展五年规划（"十五"之前是"五年计划"）通过明确国家或地区一个时期经济社会发展的基本方向，提出经济社会发展的重大战略目标，安排重大任务，发挥着统一全党全国思想、凝聚人心，朝着既定目标前进的作用。因此，国民经济和社会发展五年规划无论在任何时期，都必然在我国经济社会发展中发挥着统领"总规"的作用。

（2）党的十八届三中全会《决定》明确提出"财政是国家治理的基础和重要支柱"，而公共预算管理又是财政的核心。Fenno（1966）认为，"资金的力量历来就是国会授权的基础，支撑所有其他的立法决定并控制政府立法和行政机关之间的平衡"。① 世界银行（2013）认为，"中期预算有利于形成更好的财政透明度与问责机制"。② 中期预算与年度预算联动机制的目标要求，是强化中期预算的约束力，实现中期预算与年度预算优势互补。中期预算作为政府跨年度的契约，为实现跨年度目标（包括充分就业与政府债务风险可控）提供更加稳定与可持续性的资金保障；同时，中期预算为年度预算提供更有效的约束工具，遏制政府债务与养老金"空账"规模进一步膨胀。年度预算按年度分解中期预算的战略目标，负责落实中期预算所确定的目标任务。

（3）党的十八届四中全会《决定》明确提出："依法治国是实现国家治理体系和治理能力现代化的必然要求。"随着国家治理现代化进程不断推进，建立法治国家和法治。政府成为必然要求。同时随着对我国的现行制度框架改革的深入推进，在经济和社会发展的各个方面，必然对立法和司法改革提出越来越高的要求。要做到科学立法、有效立法、有序立法，全国人大常委会就需要根据《宪法》《立法法》的有关要求，制定立法规划。

---

① Fenno R. F. , 1966, *The Power of Purse*: *Appropriations Politics in Congress*, Boston: Little, Brown and Company, p. xiii.

② World Bank, 2013, *Beyond the Annual Budget*: *Global Experience with Medium Term Expenditure Frameworks*, Washington, D. C. : World Bank, p. 10.

第二节　中期预算与年度预算
联动机制模型构建

在许多发展中国家，年度预算与中期预算的衔接实际上处于一种四分五裂的状态。因此，世界银行、国际货币基金组织等国际组织针对这些发展中国家的预算和公共投资计划所提出的改革建议，核心原则是缩小中期预算的计划与年度预算分配的差距。[①] 为了实现中期预算与国民经济和社会发展五年规划、五年立法规划的有效衔接，本书将运用系统动力学与运筹学的研究方法，设计出五年中期预算与年度预算联动机制的模型。

一　中期预算与年度预算联动机制的理论基础

（一）相关术语

本书假设，中期预算与年度预算联动机制是一个自动控制系统。根据自动控制系统的一般构成原理，中期预算与年度预算联动机制模型至少应该包括以下术语。

目标：中期预算；

目标值：中期预算数，设为 y；

被控制对象：年度预算，设为 x；

被控制量：年度预算数，设为 x_i，$i = 1$，2，$\cdots$，5；

自动调节器：预算稳定调节基金；

调节器的检测要素：立法机关的人大常委会财经委、预算工委，以及行政机关的财政部门、发改部门、审计部门等；

操作部分：政府各职能部门；

外部作用：外部制度环境。

（二）中期预算与年度预算联动机制编制与执行模型

本书构建了五年期的中期预算与年度预算联动机制的模型（见图

---

① Yimer M. , 2015, "Medium Term Expenditure and Budgetary Practices in Ethiopia", *International Journal of Economic and Business Management*, Vol. 3, No. 4, pp. 23 – 38.

5 – 3）。中期预算可以分为"滚动型"中期预算和"期间型"中期预算。在"滚动型"中期预算模式中，"小圆"（年度预算）和"大圆"（中期预算）每个预算年度都要滚动一次，即每年在年度预算执行完成时，必须对预算期内的目标和任务进行适当调整。在"期间型"中期预算模式中，"小圆"（年度预算）每个预算年度完成一次滚动，而"大圆"在"小圆"（年度预算）完成五年期的五次滚动之后，才完成一个预算周期的目标任务，进入下一个中期预算的五年周期。

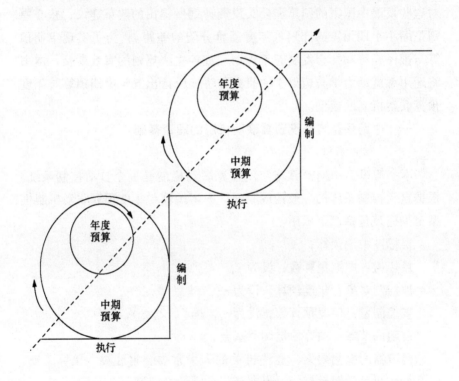

图 5 – 3 中期预算与年度预算联动机制模型

（三）中期预算与年度预算联动机制的控制响应模型

1. 自动控制的分类

对于被控制对象（财政目标或任务）或被控制量（预算数）加以分类的话，根据目标值 y 的不同，分为定目标控制和变目标控制。

（1）定目标控制。即目标值 y 不变的控制。

（2）变目标控制。即目标值 y_i 随时间变化而变化的控制，可以分为程序控制和跟踪控制。

①程序控制

即当目标值 y_i 已被确定为某种程序，按照这种程序进行目标控制。目标值 y_i 可以用一条直接或者曲线来表示，其中定值控制的目标是一条与时间轴曲线平行的直线。

②跟踪控制

即目标值 y_i 的变化不是按照事先已经规定好的函数关系进行控制的，y_i 是随时间任意发生变化的。一般而言，跟踪控制比程序控制更加复杂、更困难。例如，因经济危机突然爆发，国务院适时调整财政政策，导致财政收入的下滑与支出的猛增，便是典型的跟踪控制。

2. 自动控制的响应模型

图 5-4 与图 5-5 分别表示定目标控制与变目标控制。y_i 表示目标随时间变化的关系；x_i 表示被控制量随时间变化的关系，就是对 y_i 的响应，又称为响应过程。我们可以把图 5-4 与图 5-5 中表示响应过程的 x_i 称为控制过程曲线或者响应曲线。在控制系统中，开始控制的那个时刻存在的偏差叫初始偏差，目标是尽量消除这种较大的初始偏差。被控制量 x_i 如果与目标值 y_i 存在偏差，自动稳定器就要工作，产生出消除这个偏差所必需的修正作用。如果这种消除偏差的功能进行过快，因惯性导致调整的结果超越了目标值，被控制量 x_i 超越目标值 y_i 的偏差称为超调量。如果 x_i 相对于 y_i 产生越来越大的震荡幅度，并且出现发散的情形，那么控制就失败了。[1]

在控制过程中最重要的是信息的准确性，即预算透明度。因为目标值 y_i 和被控制量 x_i 比较过程中，在把比较的偏差消除的自动调节器过程中，被控制量 x_i 的正确测定、比较、变换与操作的准确性成为控制的基础。如果由于信息失真或者放大，导致信息不准确，就无法

---

① 胡玉奎：《系统动力学》，中国科技咨询服务中心预测开发公司 1984 年版，第 47—51 页。

进行正常的控制活动，中期预算与年度预算联动机制是不可能实现的。

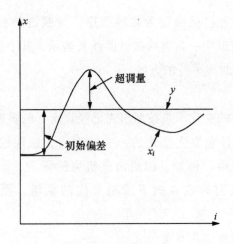

图 5-4 定目标控制

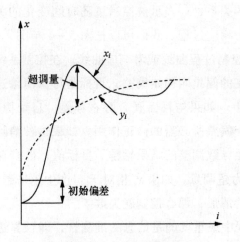

图 5-5 变目标控制

二 中期预算与年度预算联动机制模型构建的系统动力学推导

根据年度预算与中期预算存在内在联动机制的假设，本书运用系统动力学的方法，得到如下的年度预算与中期预算动力学模型：

$$\begin{cases} \dfrac{\mathrm{d}x}{\mathrm{d}t} = x(b_1 + a_{11}x + a_{12}y) \\ \dfrac{\mathrm{d}y}{\mathrm{d}t} = y(b_2 + a_{21}x + a_{22}y) \end{cases} \qquad (5-1)$$

式中，x 表示年度预算，y 表示中期预算，b_1 表示年度预算增长系数，a_{11} 表示年度预算因为不合理而造成的损耗系数，a_{12} 表示中期预算中年度预算的完成系数，b_2 表示中期预算增长系数，a_{21} 表示年度预算的完成对中期预算的贡献系数，a_{22} 表示中期预算因为不合理而造成的损耗系数。假设 $a_{11} < 0$，$a_{22} < 0$。

假设式（5-1）有正平衡点（x^*，y^*），且 $x^* = \dfrac{b_2 a_{12} - b_1 a_{22}}{a_{11} a_{22} - a_{12} a_{21}}$，

$y^* = \dfrac{b_1 a_{12} - b_2 a_{11}}{a_{11} a_{22} - a_{12} a_{21}}$，则（$x^*$，$y^*$）满足方程：

$$\begin{cases} b_1 + a_{11}x^* + a_{12}y^* = 0 \\ b_2 + a_{21}x^* + a_{22}y^* = 0 \end{cases}$$

当 $x^* > 0$，$y^* > 0$ 时，（x^*，y^*）的线性化系统的系数矩阵为：

$$\begin{pmatrix} x^* a_{11} & x^* a_{12} \\ y^* a_{12} & y^* a_{22} \end{pmatrix}$$

因此，（x^*，y^*）为渐近稳定的充要条件为：

$$\begin{cases} x^* a_{11} + y^* a_{22} < 0 \\ x^* y^* (a_{11} a_{22} - a_{12} a_{21}) > 0 \end{cases} \qquad (5-2)$$

式（5-2）是（x^*，y^*）为局部渐近稳定的条件。关于全局稳定性，我们有如下定理。

定理1：式（5-1）的正平衡点（x^*，y^*）是全局稳定的充分条件为：

（Ⅰ）正平衡点（x^*，y^*）存在，$x^* > 0$，$y^* > 0$；

（Ⅱ）（x^*，y^*）是局部稳定的；

（Ⅲ）$a_{11} < 0$，$a_{22} < 0$。

证明：我们把式（5-1）写成更对称的形式：

$$\begin{cases} \dfrac{\mathrm{d}x}{\mathrm{d}t} = x[\,a_{11}(x - x^{*}) + a_{12}(y - y^{*})\,] \\[2mm] \dfrac{\mathrm{d}y}{\mathrm{d}t} = y[\,a_{21}(x - x^{*}) + a_{22}(y - y^{*})\,] \end{cases} \qquad (5-3)$$

作 Liaponov 函数：

$$V(x,\ y) = c_{1}[\,x - x^{*} - x^{*}\ln(\frac{x}{x^{*}})\,] + c_{2}[\,y - y^{*} - y^{*}\ln(\frac{y}{y^{*}})\,]$$

这里是正常数，待定。沿着式（5-1）［也即式（5-3）］的解，我们有

$$\frac{\mathrm{d}V}{\mathrm{d}t} = c_{1}a_{11}(x - x^{*})^{2} + c_{1}a_{12}(x - x^{*})(y - y^{*}) + c_{2}a_{21}(x - x^{*})(y -$$

$$y^{*}) + c_{2}a_{22}(y - y^{*})^{2}$$

$$= \frac{1}{2}(X - x^{*})^{T}(CA + A^{T}C)(X - x^{*}) \qquad (5-4)$$

其中

$$X = \begin{pmatrix} x \\ y \end{pmatrix},\ x^{*} = \begin{pmatrix} x^{*} \\ y^{*} \end{pmatrix},\ C = \begin{pmatrix} c_{1} & 0 \\ 0 & c_{2} \end{pmatrix},\ A = \begin{pmatrix} a_{11} & a_{12} \\ a_{21} & a_{22} \end{pmatrix}$$

A^{T} 为 A 的转置，由式（5-4）可知（x^{*}，y^{*}）为全局稳定的充分条件为：$CA + A^{T}C$ 为负定的。

现在我们来验证在定理 1 的条件下，存在正对角线矩阵 C，使 $CA + A^{T}C$ 是负定的。

矩阵 $CA + A^{T}C$ 为负定的条件为：

$$c_{1}a_{11} < 0,\ c_{2}a_{21} < 0 \qquad (5-5)$$

$$4c_{1}c_{2}a_{11}a_{22} - (c_{1}a_{12} + c_{2}a_{21})^{2} > 0 \qquad (5-6)$$

由条件（Ⅲ）$a_{11} < 0$，$a_{22} < 0$，因此式（5-5）自然成立，关于式（5-6）可分三种情况来讨论：

（1）若 $a_{12}a_{21} = 0$，这时，或者 $a_{12} = 0$ 或者 $a_{21} = 0$，或者 $a_{12} = a_{21} = 0$，如果 $a_{12} = 0$，则式（5-6）变成：

$$c_{2}[\,4c_{1}a_{11}a_{22} - c_{2}a_{21}^{2}\,] > 0 \qquad (5-7)$$

显然，在这种情况下可以选取正常数 c_{1} 和 c_{2} 使式（5-7）满足。因为 $a_{11}a_{22} > 0$，只要取 c_{1} 适当大，c_{2} 适当小，不等式（5-7）即可

成立，关于 $a_{21}=0$ 或 $a_{12}=a_{21}=0$ 的情况也类似讨论。

（2）若 $a_{12}a_{21}>0$，这时意味着或者 $a_{12}<0$，$a_{21}<0$，或者 $a_{12}>0$，$a_{21}>0$，则式（5-6）可写成：

$$4c_1c_2a_{11}a_{22}-(c_1a_{12}-c_2a_{21})^2>0 \tag{5-8}$$

由于 $a_{12}a_{21}>0$，所以我们可以选取正常数 c_1 和 c_2 使 $c_1a_{12}-c_2a_{21}=0$，再假设为正的平衡位置 (x^*,y^*) 是局部稳定的，则由式（5-2）可知 $a_{11}a_{22}-a_{12}a_{21}$ 为正，因此不等式（5-8）成立。

（3）若 $a_{12}a_{21}<0$，由于 a_{12} 和 a_{21} 都非零，而且有相反的符号，因此可以选取正数 c_1 和 c_2，使 $c_1a_{12}+c_2a_{21}=0$，所以当 $a_{11}<0$，$a_{22}<0$ 时式（5-6）得到满足，定理证毕。

本书运用系统动力学的理论，构建出了中期预算与年度预算的联动模型，揭示出了这两者之间的联动机制关系。通过对模型设计和应用效果的分析，在实际运行过程中，将会出现三种不同的情况：一是 x（年度预算数）等于 y（中期预算数），二是 x（年度预算数）大于 y（中期预算数），三是 x（年度预算数）小于 y（中期预算数）。由于中期预算所确定的是在五年周期内一个国家或地区经济和社会发展的重大目标任务，故 y（中期预算）对 x（年度预算）具有强烈的约束导向性，最理想的结果是 x（年度预算数）等于 y（中期预算数），这样能保证中期预算所确定目标任务的顺利实现。

然而，在经济社会实际的发展过程中，第一种情况是一个小概率事件。更多的情况是年度预算数与中期预算数会出现一定程度的偏差，即年度预算数实际上大于或小于中期预算数。因此，本模型的主要贡献和价值在于，为确保年度预算数与中期预算数尽可能趋近，以控制在一个能保证完成中期预算目标任务的区间内，这就需要根据这些变量出现的异动情况，通过必要的政策（如财税政策、货币政策、产业政策等），以及法律约束等的调控，确保 x（年度预算数）尽可能接近 y（中期预算数），从而将年度预算数 x^* 和中期预算数 y^* 稳定在一个合理的区间内。还需要强调的是，当遇到 b_1（年度预算增长系数）较大偏离中期预算数的情况，即出现 a_{11}（年度预算因为不合理而造成的损耗系数）的情况较严重时，就需要加大政策和法律等手段的调控力度，保证 b_1 和 a_{11} 的实际完成值尽可能趋近于 a_{12}（中期预算期间内年度预算的完成系数），以及 b_2（中期预算增长系数），不断提高 a_{21}（年度预算的完成对中期预算的贡献系数），并通过政策和法律等的控制，将 a_{22}（中期预算因为不合理而造成的损耗系数）减少到最小程度。

总而言之，年度预算数 x 和中期预算数 y 经过政策、法律法规不断的修正，最后稳定在一个合理的年度预算数 x^* 和中期预算数 y^*。

三　中期预算与年度预算联动机制的运筹学推导

除了系统动力学之外，运筹学中的线性规划也能较好地解释中期预算与年度预算联动机制。线性规划（Linear Programming，LP）需要解决的问题，是在一系列线性约束条件的限制下，求解该线性目标函数最大值或最小值。线性规划的想法最早是由法国数学家傅里叶在 1832 年提出，但是直到美国数学家 George Bernard Dantzig 于 1947 年提出单纯型法（Simplex Algorithm），才奠定线性规划的研究基础。[①] 本书运用运筹学中线性规划的理论，考虑带有不等式的一般静态最优化问题，实施中期预算与年度预算联动机制的目标函数与约束条件。

假设 y 表示中期预算数，x_0 表示五年期中期预算的前一年的年度决算数；r_i，R_i（$i = 1$，2，$\cdots$，5）分别表示五年期中期预算第 i 年的预算数与 $i - 1$ 年预算数（或决算数）相比增长率的下限和上限。另外，假设决策变量是五年期中期预算第 i 年的预算数 x_i（$i = 1$，2，$\cdots$，5）；目标是每年的年度预算数之和与五年期中期预算的总额相一致。设置偏差变量 d^+ 和 d^-，分别表示五年的年度预算数之和大于或小于中期预算总额的部分。根据上述假设，本书可建立如下的目标规划模型：

$$\min |d^+ - d^-|$$

---

① Dantzig, G. B., 1947, *Computer for solving bombing problems*, United States Patent：2421745.

$$s.t. \begin{cases} x_1 + x_2 + x_3 + x_4 + x_5 + d^+ - d^- = y \\[2mm] r_1 \leqslant \dfrac{x_1 - x_0}{x_0} \leqslant R_1 \\[2mm] r_2 \leqslant \dfrac{x_2 - x_1}{x_1} \leqslant R_2 \\[2mm] r_3 \leqslant \dfrac{x_3 - x_2}{x_2} \leqslant R_3 \\[2mm] r_4 \leqslant \dfrac{x_4 - x_3}{x_3} \leqslant R_4 \\[2mm] r_5 \leqslant \dfrac{x_5 - x_4}{x_4} \leqslant R_5 \\[2mm] x_0, \ x_i, \ y, \ d^-, \ d^+ \geqslant 0 \, (i = 1, 2, \cdots, 5) \end{cases}$$

本目标规划模型目标函数的含义为：中期预算确定的是重大战略目标和任务，最优结果是中期预算的目标和年度预算目标能够相一致；然而在现实的经济运行过程中，常常会出现中期预算与年度预算目标不相一致的情况，一是年度预算之和大于中期预算，二是年度预算之和小于中期预算。基于中期预算对年度预算进行有效约束的思路，本模型设计的偏差变量 d^+ 与 d^- 的主要作用，就在于对年度预算偏离中期预算的目标进行有效调控和适度纠偏，不至于出现严重偏离的情况，从而确保中期预算与年度预算联动机制的运行能达到一个较优的状态。

本目标规划模型约束条件的含义主要包括以下三个方面：（1）五年的年度预算之和，加上偏差变量 d^+ 与 d^- 之差，等于中期预算总额。（2）政府不是万能的，但没有政府是万万不能的。一方面，要保证政府的正常运转并提供一定的公共品或公共服务，必须对预算增长率设定一个下限；另一方面，如果预算增长率波动过大将不利于实现经济社会的稳定，也必须对预算增长率设定一个上限。（3）年度预算数、年度决算数、中期预算总额，以及偏差变量 d^+ 与 d^-，在现实中只可能是非负数。

第六章　基于预算周期的中期预算与
年度预算联动机制构建

本章基于预算周期（准备程序、编制程序、审批程序、执行程序、审查与监督程序），提出了构建符合我国国情的中期预算与年度预算联动机制的政策建议。第一，建议政府研究并发布《经济和财政展望报告》《预算政策报告》《政府债务管理报告》《预算指南》《部门五年规划》和《部门绩效报告》；第二，建议我国各级政府借鉴我国现行的"自上而下"与"自下而上"相结合的年度预算编制方法，编制《部门中期预算》；第三，建议政府各职能部门基于中期预算的设计指标要求，在年度预算中设置部门预算支出的上限；第四，建议政府各职能部门按照《预算法》的要求严格执行预算，可用预算资金的"上限"必须具有严格的法律约束力。

第一节　构建预算全过程框架下的中期
预算与年度预算联动机制

一　标准预算周期理论

"标准预算周期"是将每一个预算周期划分为"预算编制阶段""预算执行与调整阶段""决算与绩效评价阶段"（见图 6-1）。其中"预算执行与调整阶段"的标准周期为 12 个月，如果加上"预算编制阶段"和"决算与绩效评价阶段"，一般都会超过一个预算年度。西方发达国家的年度预算周期通常在 30 个月左右，美国个别州的年度预算周期甚至长达 39 个月。①

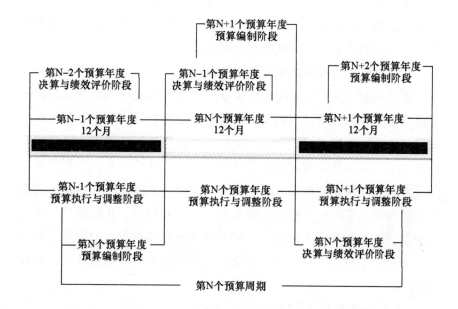

图 6 - 1　标准预算周期时间轴

在"标准预算周期"中，作为起点的"预算编制阶段"直接决定了预算执行的质量。对于实施中期预算的国家，由于行政机关必须在年度预算的基础上编制中期预算，并且研究并发布《经济和财政展望报告》《预算政策报告》等报告，立法机关也必须对这些大量的政府报告进行审查与批准，因此，一般预算编制至少需要延长到预算年度的 10 个月以前。② 如果预算编制周期过短，一方面会造成所编制出的预算粗制滥造、漏洞百出；另一方面会挤压立法机关的审查时间，严重削弱预算审议的严肃性。③ 然而，如果预算编制的周期过长，一

①　［美］罗伯特·D. 李、［美］罗纳德·W. 约翰逊、［美］菲利普·G. 乔伊斯：《公共预算体系》（第八版），苟燕楠译，中国财政经济出版社 2011 年版，第 46 页。

②　王雍君：《中国公共预算改革：从年度到中期基础》，经济科学出版社 2011 年版，第 207 页。

③　赵矜娜、王一轲：《标准周期预算管理与我国现行的预算周期制度》，《陕西农业科学》2007 年第 4 期。

方面会使预算周期更加杂乱，增加立法机关、行政机关和司法机关的工作量，降低了它们的工作效率；[1] 另一方面预测时间过早过长，也会导致预测数据的可靠性和有效性下降。[2] 因此，各国预算周期的时间设计必须结合本国的实际情况来确定。

二 预算全过程的基本框架

虽然国发〔2015〕3 号文件要求政府部门编制中期财政规划，并逐渐将中期财政规划过渡到中期预算，但是目前我国的预算程序仍然是以年度预算为基础。无论是《预算法》，还是预算程序，实施中期预算与年度预算联动机制仍然存在障碍。本书认为，我国中期预算与年度预算联动机制的形成，必须通过《宪法》《预算法》以及相关政策作为动力，按照准备程序、编制程序、审批程序、执行程序、审查与监督五个环节建立工作程序，构建预算全过程框架下的中期预算与年度预算联动机制。在一个新的五年预算周期内，应该包括以下程序（见图 6 - 2）。

（一）准备程序

在国务院的领导下，由财政部门、发改部门配合，共同研究并发布《经济和财政展望报告》《预算政策报告》《政府债务管理报告》《预算指南》《部门五年规划》和《部门绩效报告》。

（二）编制程序

在立法机关的主导，以及财政、发改等部门的配合下，提出五年期间和一个财年内的预算目标和任务等要求，反馈给政府，由政府组织编制出预算草案。

（三）审批程序

在规定的时间内，行政机关将编制的中期预算草案和年度预算草案，提请立法机关进行审议和批准，立法机关将批准后的预算下达给行政机关执行。

---

[1] 公共部门既需要完成下一年度的预算编制，执行本年度的预算执行与调整，还需要完成上一年度的决算与绩效。

[2] ［美］罗伯特·D. 李、［美］罗纳德·W. 约翰逊、［美］菲利普·G. 乔伊斯：《公共预算体系》（第八版），苟燕楠译，中国财政经济出版社 2011 年版，第 47 页。

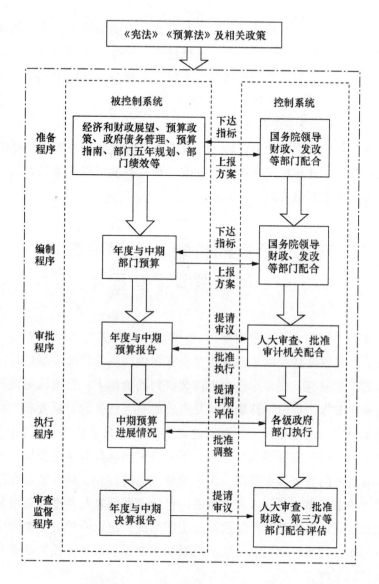

图6－2　预算全过程框架下的中期预算与年度预算联动机制

（四）执行程序

无论我国未来实施的是"期间型"的中期预算还是"滚动型"的中期预算，一方面，需要审计机关每年进行一次年度预算执行情况审计，并将审计报告提交给立法机关；另一方面，还需要由立法机关委托第三方，对中期预算执行的情况进行一次中期评估，在中期评估的过程中，政府各职能部门可以根据已经发生变化的客观情况，对一些重大发展目标和任务进行适当的调整，并提交立法机关进行审议批准，在下一个财年中执行。

（五）审查与监督程序

在五年预算周期结束以后，行政机关要向立法机关提供详尽的中期决算报告，立法机关在财政、发改、审计等部门以及第三方的配合下，进行审查和批准。

第二节　联动机制下中期预算与
年度预算准备程序

凡事"预则立，不预则废"。要推动中期预算与年度预算科学有效联动，很重要的一项工作就要对预算期内面临的发展环境进行比较详尽的前期研究，在对形势作出科学研判的前提下，根据国家发展战略的基本要求，提出预算期内所要完成的重大任务的目标要求。在预算前期研究的过程中，一定要对这两种预算的目标任务、主要内容、时间节点、政策支撑等进行深入分析，为中期预算和年度预算的编制提供有价值的重要参考依据。作为预算过程的起点，预算准备在很大程度上决定了整个预算过程的质量，包括中期预算与年度联动机制能否正常运行。本书结合中国预算的实际情况，建议设计五年期的中期预算与年度预算联动机制。联动机制下中期预算与年度预算准备程序应包括以下内容。

一　研究并发布《经济和财政展望报告》

财政学理论普遍认为，财政收入、财政支出与经济增长之间存在稳定的关系。根据赵鸿鑫、梁含嫣、储星星（2014）对 1978—2013年中国财政收入与经济增长的实证分析结果，经济增长对财政收入具有正向影响，经济增长每变化 1 个百分点，财政收入将同向变化 0.95

个百分点。① 19 世纪，德国经济学家阿道夫·瓦格纳（Adolf Wagner）提出了公共支出增长论，后人将其观点总结为"瓦格纳法则"，用于分析公共支出随着人均 GDP 的增长而膨胀。

编制中期预算的其中一个困难是预测的准确性。政府职能部门在预算执行的前一年开始编制部门预算时，必须要考虑到未来五年的情况。在这种情况下，公共预算规模受到外部因素（如通货膨胀）的影响将会被放大，从而增加了中期预算预测的困难。② 因此，在编制中期预算前，必须由相关的专业机构对未来五年的经济变化进行比较准确的预测，以保证中期预算编制的质量。新中国成立以来，从"一五"计划到"十三五"规划，发改（计划）部门和统计部门长期承担着对宏观经济形势进行预测的工作，财政部门则承担着对财政收入和支出形势进行预测的工作。由这些部门领衔研究并发布《经济和财政展望报告》，相对于其他政府职能部门具有显著的比较优势。建议由财政部门牵头、发改部门与统计部门主要参与，会同各个政府职能部门，在每年的 3 月至 5 月编制《经济和财政展望报告》，对未来五年的宏观经济形势，以及财政收入和支出形势进行预测（即预算需求预测）。《经济和财政展望报告》的结果，将作为后期编制中期预算与年度预算的重要依据之一。

二　研究并发布《预算政策报告》

目前，我国制定预算政策的主要依据是国民经济和社会发展五年规划，这些预算政策主要通过不定期地召开政府常务会议、部际联席会议和印发政府文件等形式贯彻落实。然而，国民经济和社会发展五年规划难以反映预算的约束性，不定期地召开政府常务会议、部际联席会议和印发政府文件具有较大的随意性，不利于政府职能部门与民众对预算政策形成稳定良好的预期。

国发〔2015〕3 号文件所提出的实施中期财政规划意见中，明确

---

① 赵鸿鑫、梁含嫣、储星星：《中国财政收入与经济增长的关系研究——基于 1978—2013 年数据的实证分析》，《经济研究导刊》2014 年第 16 期，第 125—127 页。

② Wildavsky A. and Caiden, N., 2004, *The New Politics of the Budgetary Process*, New York：Pearson Education, Inc., p. 188.

要求"制定财政收支政策改革方案"。为了落实国发〔2015〕3号文件的要求，《预算政策报告》成为联动机制下中期预算与年度预算准备程序中不可或缺的一部分。通过借鉴西方发达国家编制中期预算的模式，我国在研究并发布的《预算政策报告》时，应该与发展和改革委员会以及其他政府职能部门召开部际联席会议，共同协商确定以下内容：（1）政府短期财政计划（1—2年）；（2）中期财政战略政策目标（3—5年）；（3）说明《年度预算报告》与《预算政策报告》在战略和目标上的所有调整和修订；（4）详细设定财政年度建议性最高支出上限，并列示出未来财政年度的支出上限；（5）明确中期预算与年度预算相衔接的基本内容。在制定这些内容中，核心是分别评估现行与新增支出政策未来五年的成本，以及评估政策的优先性和重要性。

（一）分别评估现行与新增支出政策未来五年的成本

党的十八大报告明确提出了我国要在2020年全面建成小康社会，到2050年建成富强民主文明和谐的社会主义现代化国家。其中，遵守财经纪律，确保财政的可持续性，是我国实现"两个一百年"奋斗目标的重要保障。财经纪律的核心，是要在中期预算与年度预算上，确认现行政策与新增支出政策未来的成本，以确定它们是否以及在何种程度上纳入预算。[①] 世界银行（2013）的研究报告认为，财政部门能够遏制经济规划和发展规划中设定的不切实际的目标。[②] 财政部门相比于其他政府职能部门，在维护财经纪律的目标上具有比较优势。本书建议每年的3月至5月，由财政部门确定财政目标。财政目标可以划分为"线下"支出与"线上"支出。"线下"支出是对重点支出未来五年的支出进行预测，"线上"支出则依据国民经济和社会发展五年规划，以及全国人大、国务院的五年立法规划进行筹划。政府各个职能部门根据本部门中期预算的财政目标，确定年度预算的财政目标。

---

① 王雍君：《中国公共预算改革：从年度到中期基础》，经济科学出版社2011年版，第14页。

② World Bank, 2013, *Beyond the Annual Budget：Global Experience with Medium Term Expenditure Frameworks*, Washington, D. C. ：World Bank, p. 61.

（二）评估政策的优先性和重要性

世界银行（2013）的研究报告认为，发展规划部门（相当于我国的"发改委"）相对于财政部门，不仅擅长于激发公共部门与私人部门的发展愿景，同时也擅长于区分公共投资的优先次序。[①] 虽然我国的国民经济和社会发展五年规划与国民经济和社会发展年度计划仍然存在着诸多问题亟待完善，但是经过 60 多年的实践，已经形成相对比较成熟的机制。建议在中央政府层级上，可以根据国务院的部署，由国家发改委牵头，在每年的 3 月至 5 月通过召开部际联席会议，同时邀请第三方机构，对现行政策与新增政策的优先性和重要性进行评估。对质量较差的投资、扭曲性的补贴、臃肿的行政机关等同类支出实施项目库退出机制，确保有限的公共预算资源用于更加优先和重要的支出项目。整个评估工作流程与最终结果尽可能保证公开与透明，降低因狭隘的部门利益或机会主义利益而影响评估结果的道德风险。

三　研究并发布《政府债务管理报告》

按照欧盟标准，一国政府的债务不应超过 GDP 的 60%。目前外界对中国经济的担忧主要来自两个方面：一个是经济下滑可能引起的就业问题，另一个是系统性风险带来的政府债务风险问题[②]，即实现充分就业与政府债务风险（Government Bond Risk）可控。财政部门和审计部门应确定中期预算的财政支出限额，未来五年（即预算年度加上未来四年）的支出总额不能突破中期预算的财政支出总额，避免政府债务（Government Bond）规模和养老金"空账"（Blankness of Individual Pension Accounts）规模进一步膨胀。

建议在每年的 3 月至 5 月，由财政部门、发改部门与审计部门召开部际联席会议，对我国未来五年的宏观经济状况、财政收入、政府债务和养老金进行预测，研究并发布《政府债务管理报告》中，并将《政府债务管理报告》作为确定总财政支出限额的重要依据。在《政

---

① World Bank, 2013, *Beyond the Annual Budget: Global Experience with Medium Term Expenditure Frameworks*, Washington, D. C.: World Bank, p. 62.

② 《中国有足够能力应对经济增长中所面临的问题》，《经济日报》2016 年 1 月 31 日。

府债务管理报告》，财政部门要对中央政府和地方政府的债务状况进行详细分解，明确哪些是中长期债务，哪些是短期债务；并提出不同的偿还的时间节点，保证各种债务的规模在可控的范围之内。政府各个职能部门根据本部门中期预算的支出限额，确定年度预算的支出限额。

四 研究并发布《预算指南》《部门五年规划》《部门绩效报告》

《预算指南》应成为政府各职能部门编制部门预算的主要依据。每年的 7 月至 9 月，财政部门根据《预算法》的要求，依据国务院批准的建议性最高上限，以中期预算为基础发布《预算指南》（纲领性地说明应该如何准备中期预算）。各级政府部门按照《预算指南》的指导开展预算准备工作。具体工作包括：在目标和规划/活动方面达成共识，并计算这些规划/活动的成本。然后，对这些规划/活动进行优先次序排序，从而确定哪些项目应该削减，哪些项目应该推迟到来年。

在每年的 10 月，财政部和其他政府各职能部门之间举行听证会，各个部门对预算估计值进行修改，使之不超出通过的最高限额，从而在财政部门和其他政府各职能部门之间就战略目标和规划达成共识。一般部委（在财政部与国家发展和改革委员会指导下）编制以下文件：《部门五年规划》（五年发展战略和部门财政目标）、《部门绩效报告》（项目方案的产出、结果和绩效）和《部门预算》（年度财政目标，反映战略目标、现有的和新的活动成本、预期的成本收回及绩效等因素）。

只有在以上这些前期研究的基础性工作完成以后，才能转入预算编制的下一个工作程序。

第三节　联动机制下中期预算与年度预算编制程序

一　建立和实施"自上而下"与"自下而上"相结合的战略性程序

（一）建立"自上而下"为主体的战略性程序

我国现行年度预算编制存在两个主要弱点：（1）政府职能部门在

预算准备阶段的预算申请没有预算限额；（2）预算编制程序不能实现预算与政策的相互衔接。以上两个弱点会导致财经纪律的松弛，加剧预算软约束的问题。虽然2014年财政部预算司发布《财政部关于专员加强预算监管工作的通知》（财预〔2014〕352号），要求专员办事处备查预算单位上报的"一上"预算，然而这份文件却只能为预算的合规性再添加一道保险，却难以解决预算软约束的问题。

引入更好的预算程序，有助于强化中期预算与年度预算的衔接，不断严肃财经纪律。实施中期预算以后，尤其是强调中期预算与年度预算联动以后，预算编制方法会出现一些新的内容和要求：（1）为公共支出确定可获得的资源总量；（2）建立与政府政策优先性相适应的部门支出限额；（3）向政府职能部门公布这些支出限额；（4）强调中期预算与年度预算之间的有机衔接。

"自上而下"的预算模式具有以下优势：（1）强化了部门对中期支出的责任，有助于促进预算资源从低价值领域转向高价值领域，激励各部门和支出机构建立自己的支出优先性排序以促进配置效率；（2）通过强化核心部门在预算准备过程中的作用，确保预算过程在一开始就能得到强有力的指导，有利于行政机关在财政部门的配合下审查和调整部门中期预算，并对部门预算的效率与效果进行评估。总之，通过实施新的预算编制方法，并建立起相当严厉的约束机制，不但可以严肃财经纪律，而且还可以更好地实现政策优先性，提高预算资源配置效率。

（二）建立"自下而上"为辅助的战略性程序

我国年度预算"二上二下"的传统编制程序，造成了部门不断膨胀的支出需求。同时，政府的预算文件只是笼统地说明政策关注领域，或者强调"比上年增加多少"，忽略了实施政策的预期结果，以及继续现行政策的跨年度成本估计与所需要的预算拨款。中期预算的"自上而下"的方法与内容，和当前"技术＋增量"的预算方法相比有着本质区别。中期预算的"自下而上"是指政府各职能部门根据财政部门公布的预算限额和预算指南准备预算申请，并由财政部门进行审查的过程。在"自上而下"为主体的战略性程序基础上，再建立

"自下而上"为辅助的战略性程序，主要是为了预防预算制度陷入僵化。概括而言，政府各职能部门在申请预算时提交的文件至少包括：（1）预算支出申请；（2）一份简要的、阐明部门政策及预期成果的政策报告书；（3）绩效指标报告（说明已经并打算实现的绩效指标）；（4）说明打算如何实现政策目标的财政战略报告；（5）节约成本和提高效率的建议；（6）实施这些建议所采取的措施。

通过中期预算与年度预算联动机制，政府各职能部门不仅可以在预算的实施和管理过程中明确预算期内主要目标任务，而且可以根据发展变化的形势，在年度预算中对中期预算的部分内容进行适当修编，确保重大战略目标任务的顺利完成。

二 编制《部门中期预算》与《部门年度预算》

建议由财政部门成立规划编制组（或委托第三方机构编制），开展中期预算与年度预算的编制；在财政部门成立中期预算与年度预算专家委员会，对中期预算与年度预算的前期研究成果、中期预算与年度预算草案的编制等进行评估咨询，提出修改调整建议。在这两种预算的编制过程中，尤其是做好主要内容的衔接，确保它们在组织实施过程中能真正联动起来。

（一）确立财政部门在预算编制与执行中的核心地位

财政部门作为预算执行的核心部门，在预算流程中的主要角色应包括：

（1）为政府部门编制经常性预算提供技术支持；

（2）每年根据实际需要颁布和更新中期可用预算资金的上限；

（3）同步编制中期预算与年度预算报告。

（二）发改部门（发展和改革委员会）在预算编制程序中的角色

（1）配合财政部门编制中期预算草案，确定多年期总量平衡、结构调整的财政目标和财政政策；

（2）指导政府部门编制固定资产投资预算，并为其资本性经营预算提供技术支撑。

（三）中国人民银行在预算编制中的角色

币值稳定是中期预算与年度预算联动机制成功运行中必不可少的

前提条件。中国人民银行作为货币政策的执行部门、国库的经理部门与商业银行的监督管理部门，在预算流程中的主要角色应包括：

（1）配合财政部门编制中期预算草案，拟订并组织实施本外币存款准备金政策、本外币利率政策、再贷款再贴现政策；

（2）拟定中央银行本外币公开市场操作方案和操作规程。

（四）其他政府职能部门依法执行预算

（1）按照绩效导向的原则编制和实施部门预算，并且对本部门预算资金的具体配置安排负责；

（2）对本部门项目投入与产出进行中期预测，上报本部门项目资金需求；并在本部门可用预算资金上限范围内，确定本部门下属各个单位的预算资金上限；

（3）根据中央政策与本部门工作需要，安排本部门优先支出的项目计划。

在《部门中期预算》与《部门年度预算》编制完成并衔接好以后，就可以按照法定要求进入审查和批准的下一个工作程序。

第四节　联动机制下中期预算与年度预算审查和批准程序

一　行政机关的审核程序

（一）赋予财政部门与发改部门具有控制其他政府职能部门支出上限的权力

财政部门与发改部门的审核与汇总程序工作，一个是对本级政府各职能部门、下级政府提交的中期预算与年度预算进行审核与汇总；另一个是研究通过后编制《中期预算报告》与《年度预算报告》，提交本级政府常务会议进行审核。之所以选择财政部门作为审核与汇总预算的核心部门，主要是因为与其他政府职能部门相比，财政部门更能从总量控制和宏观角度出发，考虑全局性资金调配问题。因此，财政部门仍然必须保留控制部门上限的权力。财政部门可以以"可用预算资源上限"的形式上报本级政府，由其代为下达预算"上限"至其他政府职能部门。发改部门作为另外一个预算核心部门，除了负责颁布五年期固定资产投资支出可用财政资金上限（上限不得高于中期可用预算资金的上限）以外，还要确保其审查的项目规模不突破预算"上限"。各个部门在中期预算"上限"之内自主确定本部门内的预算资源配置，以确保部门项目预算资金规模。

（二）政府常务会议的审核程序

建议政府常务会议对《中期预算报告》与《年度预算报告》进行审核，研究通过后提交同级人大常委会财经委或预算工作委员会。

（1）由政府行政长官主持政府常务会议，组织本级下属各职能部门官员与预算专家学者，对《中期预算报告》与《年度预算报告》进行审议；

（2）政府常务会议通过《中期预算报告》与《年度预算报告》，提交本级人大常委会财经委或预算工作委员会。

二 立法机关的审查和批准程序

根据我国《宪法》和《预算法》的规定，各级人民代表大会要审议并批准中央和地方本级的预算草案、预算报告等内容。而在召开人民代表大会之前，全国人大常委会和地方人大常委会财经委员会或者有关专门委员会（预算工作委员会）在本级人民代表大会常务委员会的配合下，对《中期预算报告》与《年度预算报告》进行初步审查，提出初步审查的研究意见并反馈给政府。政府充分吸取人大常委会财经委或预算工作委员会对预算草案的意见，将《中期预算报告》与《年度预算报告》提交同级人大进行法定程序的审议和批准。为了提高人大常委会财经委或预算工作委员会的审查质量，建议采取以下改革措施。

（一）由专业专职人员对预算进行分组审议

在预算初审前，各级人大常委会财经委都需要进行比较广泛和深入的调研，对在整个中期预算期内要完成的重大项目和主要任务做到胸中有数，尤其是要认真审议年度预算是否落实了中期预算的有关目标任务要求，确认中期预算与年度预算之间是否实现了有机衔接。

由于预算具有很强的专业性，而人大代表来自各行各业，对于非专业的人员审阅存在困难。每年各级人大召开人大会议时，部分人大代表审议预算报告时经常无从下手，在表达意见时只能"随大溜"，导致有效的监督和审查无从谈起。① 虽然改革开放以来，我国在各级人大常委会下设财经委，部分人大常委会还下设预算工作委员会，但是目前各级人大常委会财经委、预工委等专门委员会的人员大多是由退居二线的行政官员担任，相对缺乏预算审查与监督的动力和能力，仍然难以完全胜任预算的审议工作。尤其地方人大甚至在对自己的财政监督上未能以身作则。在上海财经大学公共政策研究中心 2010—2015 年对全国各省 341 个单位预算透明度的评估中，作为财政监督主体的人大，在预算透明度方面整体上低于作为财政监督客体的政府部门，甚至出现了 21 个省人大预算透明度被评为零分的情况。②

中期预算相比于年度预算专业性更强，需要在人民代表大会以及有关专门委员会较大幅度地增加法律和经济专业方面的专业人才，使预算编制和审查的水平达到一个与发展需要相适应的程度。在人民代表大会代表选举产生的有关法律的框架内，除了不断改革和完善人大代表组成人员的结构，还可以根据各个专门委员会有关专家的专业背景，将《中期预算报告》与《年度预算报告》事先提请各个专门委员会的有关专家，对预算报告的内容进行分组审查，形成《中期预算审查报告》和《年度预算审查报告》。当人民代表大会召开的时候，人大代表再根据《中期预算审查报告》和《年度预算审查报告》，对《中期预算报告》和《年度预算报告》进行会议审批。

（二）预算审议时间延长到 3 个月

根据 2014 年修正的《预算法》要求，各级财政部门须在本级人大会召开之前很有限的时间（中央为 45 天，地方为 30 天），提交本级人大常委会财经委进行初审，而各级人民代表大会通常是在预算年

---

① 午言：《让人大代表看懂看清财政报告》，《人民日报》2015 年 2 月 9 日。

② 上海财经大学公共政策研究中心：《2015 中国财政透明度报告》，上海财经大学出版社 2015 年版，第 126 页。

度已经开始才对政府预算报告进行审查。各级人民代表大会的日期一般是 5 天，在较短的会期内，各级人民代表大会必须完成对政府工作报告、国民经济和社会发展五年规划纲要草案、国民经济和社会发展计划草案的报告、年度预算草案的报告、人民代表大会常务委员会工作报告、人民法院工作报告与人民检察院工作报告的审批。如果在年度预算审批的基础上再引入中期预算，无疑将进一步加重人大代表的工作量。目前，全国人大常委会财经委已将原定初审会议的时间由一天增加到一天半，然而即使各级人大代表实现了专业化，但是随着预算编制"颗粒度"越来越细①，要求人大代表在较短的会期中认真负责地履行职责，完成大量的审批议程，几乎成为不可能完成的工作。

建议我国未来可根据年度预算和中期预算编制和审查批准的不同要求，考虑将预算的审查时间延长到 3 个月，将《中期预算报告》和《年度预算报告》提前提请人大代表进行审阅，充分征求人大代表的意见。此外，为了保证预算审批程序的严肃性，各级人大常委会财经委（包括预算工作委员会），除了本专门委员会的组成人员参加初审以外，还要尽可能地邀请熟悉预算工作的人大代表和专家学者参加初审，至少在全体会议召开的一个月以前，要把中期预算与年度预算的相关文本提交给参加审查的专业人员。

（三）要尽可能细化预算审查的项目

在中期预算的草案中，对在预算期的重大项目和主要任务，以及与年度预算的衔接内容，必须要列出专栏和项目清单，使人大代表能清楚看到项目的来源、目的以及资金安排的具体情况，至少应该包括以下内容：

1.《中期预算报告》和《年度预算报告》

《中期预算报告》和《年度预算报告》两份报告中必须分别对未来五年与未来一年的预算政策、预算草案以及新增支出政策的原因进行详细说明，人大代表必须对是否通过这两份报告进行表决。

---

① 例如 2016 年，深圳市财政局提交给深圳市人大审议的预算草案文本已增加到 4600 页，共 5 公斤。

2.《经济和财政展望报告》《预算政策报告》和《政府债务管理报告》

《经济和财政展望报告》《预算政策报告》和《政府债务管理报告》三份报告是人大代表审查《中期预算报告》与《年度预算报告》的辅助性材料，作为人大代表审查《中期预算报告》和《年度预算报告》的重要依据。

（四）在预算草案审议和批准中体现中期预算的重要地位

中期预算在整个预算体系中居于重要地位，对深化中国财税体制改革具有引领作用，甚至对我国国家治理体系和治理能力现代化也具有很大的推动作用。为了确保中期预算对年度预算必要的约束力，建议借鉴国民经济和社会发展五年规划和年度计划在全国人民代表大会以及地方人民代表大会期间的报告模式，具体操作程序如下：

（1）中央政府由国务院总理或常务副总理向全国人民代表大会作《中期预算报告》；地方政府由行政首长或常务副职向地方本级人民代表大会作《中期预算报告》；

（2）各级财政部门首长向本级人民代表大会作《年度预算报告》；

（3）全国人大常委会委员长向全国人民代表大会主席团作《中期预算审查报告》，地方人大常委会主任或党组书记向地方本级人民代表大会主席团作《中期预算审查报告》；

（4）各级人大常委会财经委或预算工作委员会主任委员作《年度预算审查报告》；

（5）各级人民代表大会进行投票表决，批准本级政府的《中期预算报告》《年度预算报告》和本级人大常委会的《中期预算审查报告》《年度预算审查报告》。

在完成了联动机制下中期预算和年度预算审查批准程序以后，即可进入下一个执行的工作程序。

第五节 联动机制下中期预算与
年度预算执行程序

一 政府预算的预算执行必须获得本级人大的法定授权

"历年制"的预算，导致我国各级政府在预算执行上存在"先斩后奏"之嫌。《预算法》第18条规定："预算年度自公历1月1日起，至12月31日止。"由于我国各级人民代表大会都是在1月1日以后召开，各级人大是在预算年度已经开始的情况下，才对本级政府的预算进行审批。虽然《预算法》第54条对本级人民代表大会批准前的支出安排作出了规定，但部分规定仍然保留着"基数法"的预算策略。[①]"基数法"的预算策略过度简化了预算程序，不利于中期预算与年度预算联动机制的构建。尤其"基数法"的预算策略回避了对现行政策和执行新政策的财政效应进行评估，而这些评估是任何良好的公共财政和预算系统必须具备的基本特征。[②]

我国可以在以下两种方案中选取其中的一种方案。（1）调整各级人民代表大会对政府预算报告审议的会议日期，建议将调整后的时间确定在预算年度执行上一年的10月到12月；（2）建议参照实施"跨年制"预算国家的模式，将《预算法》第18条的规定更改为"预算年度自公历4月1日起，至次年3月31日止"。这两种方案可以确保政府预算的收入与支出在正式执行时，已经获得本级人民代表大会的法定授权，从而进一步强化联动机制下中期预算与年度预算在执行程序上的法律约束力。

二 政府各职能部门按照《预算法》的要求严格执行预算

各级政府的预算经过本级人民代表大会批准以后，相当于获得了

---

① 《预算法》第54条第2款规定："预算年度开始后，各级预算草案在本级人民代表大会批准前，可以参照上一年同期的预算支出数额，安排必须支付的本年度部门基本支出、项目支出，以及对下级政府的转移性支出。"

② 王雍君：《中国公共预算改革：从年度到中期基础》，经济科学出版社2011年版，第193页。

法定授权。各级、各项支出都必须按照《预算法》的要求严格执行，未经本级人民代表大会批准的项目不得支出。此外，应逐渐规范并取消各级政府主管部门领导的批示权。上级政府主管部门的领导无权擅自截留下级部门的预算资金，否则追究其法律责任。

以中国人民银行在预算执行中的角色作为案例进行简析。中国人民银行在预算执行程序中的角色应包括以下内容。

（一）为财政部门开设国库单一账户并办理相关业务

在获得人民代表大会授权后，中国人民银行应为财政部门开设国库单一账户。开设单一账户的目的，是为了确保从源头上杜绝预算外资金，确保国库资金的使用处于严格的监督下。同时，中国人民银行还须办理包括预算稳定调节基金在内全部预算资金的收纳、划分、留解和支拨业务。中国人民银行在办理业务的过程中必须严格审查相关材料，并配合审计机关，对公共预算资金的流向进行跟踪，确保预算资金的使用严格按照《预算法》的要求以及中期预算所确定的战略目标实施。

（二）承担国库现金管理工作，维护国库资金的安全与完整

2014 年修正的《预算法》赋予了中国人民银行经理国库的职能。未经人民代表大会或者人民代表大会常委会批准，中国人民银行不得为任何政府职能部门挪用国库的资金。

（三）代理国务院、财政部门向金融机构发行、兑付国债和其他政府债券

在获得人民代表大会授权后，中国人民银行代理国务院、财政部门向金融机构发行、兑付国债和其他政府债券。但是必须确保发行债券的规模不能超过由国务院确定并已提交全国人民代表大会批准的中期预算支出限额。

（四）对境内的商业银行进行严格的监督管理

中国人民银行应按照《银行法》的有关规定，对境内的商业银行进行严格的监督管理，维护公共预算资金的安全。

三　可用预算资金的"上限"必须具有严格的法律约束力

可用预算资金的"上限"是指在中期宏观经济与政策筹划基础上

制定的预算限额，包括总量上限和部门上限。总量上限是指一级政府的预算上限，根据宏观经济发展走势、经济政策、预测收支水平来确定，并在具有约束力的中期预算中反映。总量预算上限确立后，分解成部门预算上限，这是为各个政府部门设立的预算限额。在相关部委中期预算试点模式中，预算"上限"仅指部门"上限"。

为政府各职能部门确立可用预算资金的"上限"是中期预算改革的重要基础。每个职能部门都有突破可用预算资金"上限"的动机，如果缺乏有效的制衡机制，势必导致行政机关任意突破"上限"所规定的预算限额。一些处于战乱中的独裁政权为了维持军事行动的开支，甚至会利用中期预算向民众提前征税，不但使年度预算遭到了严重践踏，而且导致中期预算改革沦为"恶政"。为了防止行政机关滥用公共权力，建议在我国由国务院负责确定可用预算资金的"上限"并提请全国人大批准实施，使可用预算资金的"上限"具有严格的法律约束力。在正常情况下，政府各职能部门必须在可用预算资金的"上限"内配置财政资源。由于政府职能部门意识到预算资金的有限性，有利于促使这些部门让更具有价值的项目或计划得到充足的预算资金支持，部门上限就实现了部门内部和各个项目之间实施资源再分配的功能。

四 对中期预算进展情况进行评估和调整

虽然中期预算所确定的战略目标原则上不能任意改变，但是中期预算也并非是完美无缺的。再精心设计的中期预算，即使是在美国、西欧等预算管理制度更加规范的发达国家，也不能完全保证预测的数据能够实现或维持政府的正常运转，更无法预测紧急情况和问题爆发的时间与强度。[①] Wildavsky 和 Caiden（2004）认为，中期预算一个潜在的不利影响是增强了项目的持久性。一方面，某些项目要纳入预算的难度将加大；另一方面，某些过去合理但现在已不合时宜的项目退

---

① ［美］托马斯·D. 林奇：《美国公共预算》（第四版），苟燕楠、董静译，中国财政经济出版社 2002 年版，第 6 页。

出的难度成本将十分高昂。① 因此，在预算执行过程中，各级政府需要依据年度预算的执行情况与对经济形势变化的预期，及时对中期预算进展情况进行评估，通过预算稳定调节基金进行必要的调整。在"滚动型"中期预算中，当政府中期预算的第一年到期后，在原先的中期预算之后再增加一个新的年度，并对过去的预测进行更新。在"期间型"中期预算情况中，在五年期中期预算执行进入第三年，对过去的预测进行调整。

以可用预算资金的"上限"为例。经全国人大按照法定程序批准中期预算和年度预算后，国务院可赋予政府各职能部门一定限额内的超支权力。如果存在特殊原因，造成部门对预算资金的需求总量超过财政部门已经确定的年度预算"上限"，则该部门需要按照部门中期预算总量预算"上限"的一定范围内，申请动态扩大本部门当年年度预算上限。但必须经财政部门上报本级政府常务会议审核，再经本级人大或人大常委会批准后实施。

为了降低中期预算改革的交易费用，建议以中期资本性预算"上限"为突破口。一般而言，预算按照周期可以划分为经常性预算和资本性预算（建设性预算）。相应地，支出上限也就可以分为两类：一类是对耗损采购支出和人员公用经费支出预算的"上限"约束，即经常性预算上限，这部分预算资金变化幅度不大，比较容易实现中期预算管理；另一类是以大型公共工程为代表的长期资金预算的"上限"约束，即资本性预算（建设性预算）的"上限"，对这类预算"上限"的确立，应在中期预算开始阶段予以公布，试点阶段可以全部覆盖项目资金，也可部分覆盖，但一旦确立了资本性预算"上限"，就应该遵循政府公布的财政约束基准，并且还应严格遵循宏观经济框架设定的支出限额，以及根据情况的变化适时进行微调。

在联动机制下中期预算与年度预算执行程序结束以后，针对这两种预算管理的联动情况，还有着一个必不可少的环节即要对其进行严

---

① Wildavsky A., Caiden, N., 2004, *The New Politics of the Budgetary Process*, New York: Pearson Education, Inc., p. 189.

格的审查和监督。

第六节　联动机制下中期预算与年度预算审查与监督程序

一　立法机关的审查与监督程序

在一个中期预算周期（五年）和一个预算年度结束以后，立法机关需要对预算进行系统评估。预算评估的要求和相关程序应该由立法机关提出和确定。立法机关应根据《宪法》《预算法》等法律的要求，对预算期内提出的目标、任务、时间等主要内容提出完成预算评估的基本要求。

二　财政部门的审查与监督程序

财政部门应根据立法部门评估的基本要求，以及相关的政策依据，与审计机关配合，追踪预算执行情况。包括对中期预算和年度预算进行详尽的自评，即对立法机关通过的预算目标、任务等先期进行自评，制作《财政绩效报告》，在规定的时间内，上报立法机关进行审查，并及时向政府职能部门反馈、传达绩效信息。

三　发改部门的审查与监督程序

发改部门应配合立法机关、财政部门、审计机关，完善项目稽查信息系统，以五年期的标准对项目绩效和参建单位的信誉进行评级，保证固定资产投资的年度预算安排符合中期预算的要求。

四　审计机关的审查与监督程序

审计机关要根据立法机关的评估要求，以及同级政府的审计决定，依据《预算法》《审计法》等相关法律和政策的要求，组织专门力量和专业人员，对中期预算和年度预算进行审计，并按期提出审计报告，提交立法机关进行审查。

（1）审计部门对政府部门的中期预算执行情况进行审计。

（2）组织审计下级政府的中期预算执行、决算和其他财政收支情况。

（3）起草中期预算的审计结果报告、审计工作报告，并起草中期预算审计发现问题的纠正和处理结果报告。

五　第三方的审查与监督程序

从国际惯例来看，随着改革的深化和市场经济体制的健全完善，为体现评估的公正性和客观性，适时引入相关的科研机构与社会组织组成评估第三方，加强预算资金使用效益的绩效评价，成为一个必然选择。不论是立法机关，还是财政部门以及审计机关，都可以引入第三方评估。即由相关部门或机关提出评估要求，提请具有资质和良好信誉的社会评估机构进入体制内，采取专项调查、抽样调查和实地核查等方式，开展对中期预算和年度预算进行评估，按时提出评估报告，报送有关部门和机关。立法机关、财政部门与审计机关可以将第三方评估得出的结论作为判断的依据，以决定是保留、调整或者取消相关政策。

第七章　中期预算与年度预算联动的
法律与政策保障机制

　　确保中期预算与年度预算联动机制的正常运行，不但有利于强化中期预算的法律约束力，而且有利于遏制部分政府职能部门为了追求本部门利益而损害党和国家核心利益的行为。本章建议构建我国中期预算与年度预算联动的法律与政策保障机制，包括由中央全面深化改革领导小组保障中期预算与年度预算联动机制，确立全国人大在财政立法中的主导地位，修正和制定与中期预算相关的法律法规，推动国民经济和社会发展五年规划与五年立法规划、政府任期相衔接等。

第一节　中期预算与年度预算联动的
法律保障机制研究

一　由中央全面深化改革领导小组保障中期预算与年度预算联动机制

　　（一）由全国人大来保障中期预算与年度预算联动机制存在能力不足的问题

　　中期预算在整个预算体系中居于重要地位，不仅对深化我国财税体制改革具有引领作用，甚至对我国治理体系和治理能力现代化也具有很大的推动作用。未来随着中期预算改革的实施，作为最高权力机关的全国人大，最终将承担起全国预算的实际决策者和监督者的职责。1954 年的《宪法》第 22 条曾明确规定，"全国人民代表大会是行使国家立法权的唯一机关"，然而 1982 年施行的《宪法》使得国务院获得了其行使立法权的宪法依据①，以实现对国家和经济社会的宏观调控。在我国现有的国情下，立法机关在立法工作中所能发挥的作用十分有限，全国人大立法权的工作原则仍然是"成熟一个，确定一个"②，缺乏相应的顶层设计和战略规划框架。

　　以《预算法》为例。《宪法》是其他全部法律的"上位法"，而《预算法》是约束政府行为的经济宪法，因此相关法律以及政策文件凡是涉及预算的条款项目，《预算法》都对其具有约束力。要使《预算法》成为真正意义上的"经济宪法"，应在条件成熟时进一步完善《预算法》，将起草法律的主导权从政府财政部门回归到全国人大，使《预算法》上升到真正意义上的"经济宪法"，成为对中国经济运行能发挥核心作用的基本法律，从而打破部门立法的困局。虽然我国的《预算法》经过全国人大常委会讨论并批准实施，但是《预算法》条款与《预算法实施条例》的起草工作却是由国务院法制办授权财政部负责完成。由于全国人大无法享有完整的财政立法权，因此，由全国人大保障中期预算与年度预算联动机制，可能存在能力不足的问题。

　　（二）由国务院来保障中期预算与年度预算联动机制存在动力不足的问题

　　政治经济体制改革往往伴随着约瑟夫·熊彼特描述的"创造性破坏"，同时创造了改革的"赢家"与"输家"。③许多政府职能部门曾长期享有的行政立法权与资源分配权，将会随着中期财政规划改革的不断深化，逐渐转移到国务院法制办与财政部。未来随着中期预算改革的实施，作为最高权力机关的全国人大，最终将承担起全国预算的实际决策者和监督者的职责。因此，中期预算改革对每一个利益相关者而言，并不是一个严格意义上的"帕累托改进"，所有的利益损失

---

①　《宪法》第89条第1款规定，国务院可以"根据宪法和法律，规定行政措施，制定行政法规，发布决定和命令"。

②　陈菲：《发挥人大立法主导作用 加快形成完备的法律规范体系》，《光明日报》2015年9月8日。

③　［美］德隆·阿西莫格鲁、［美］詹姆斯·A. 罗宾逊：《国家为什么会失败》，李增刚译，湖南科学技术出版社2015年版，第59页。

者都可能成为中期预算改革的主要障碍。

由于《预算法》条款与《预算法实施条例》的起草工作是由国务院法制办授权财政部负责完成，使《预算法》内容不可避免地带有财政部门立法的色彩。部门立法权威性的缺失，使其很容易遭到其他政府职能部门的阻挠。部分政府职能部门甚至通过国务院法制办的授权，制定各种名目的"重点支出"，不但进一步损害《预算法》的权威，而且还加剧了政府爆发财政危机的风险。因此在国务院领导下由财政部领衔推动的中期预算改革，面临着较高的改革失败风险。

（三）中央全面深化改革领导小组是保障中期预算与年度预算联动机制的坚实力量

毛泽东曾明确指出，"经济和财政机构的不统一、闹独立性、各自为政的恶劣现象，必须克服，而建立统一的、指挥如意的、使政策和制度能贯彻到底的工作系统。这种统一的工作系统建立后，工作效能就可以增加"。① 秦国的商鞅变法与新中国的改革开放之所以能取得巨大的成就，不仅是因为绝大部分民众成功分享到改革的成果，还包括改革获得了国家最高决策层的全力支持。党的十八届三中全会决定成立由党和国家最高领导人领衔的中央全面深化改革领导小组，目的便是强化顶层设计，打破现有各个既得利益集团的狭隘利益。② 只有由中央全面深化改革领导小组对未来实施的中期预算改革进行统一的决策部署，才可能真正确立全国人大在财政立法中的主导地位，确保国务院及政府各职能部门能贯彻落实与中期预算相关的各项改革措施，降低中期预算改革遭到其他政府职能部门阻挠的风险，进而保障中期预算与年度预算联动机制的顺利运行。

二 确立全国人大在财政立法中的主导地位

（一）历史的经验以及《宪法》和党的《决定》，要求我国必须确立全国人大在财政立法中的主导地位

在我国古代社会中，为了防止权臣侵害君主的利益，韩非在《韩

---

① 毛泽东：《毛泽东选集》（第三卷），人民出版社 1991 年版，第 891—896 页。
② 张韬：《中国收入不平等问题剖析》，《财经论丛》2014 年第 5 期。

非子·有度》中提出了君主专制下的法治思想，"明君使其群臣不游意于法之外，不为惠于法之内，动无非法……上尊而不侵，则主强而守要"。① 而君主敦促群臣守法的要害，是权臣不能分享君主的权威与制定规则的权力，"威不贰错，制不共门。威、制共，则众邪彰矣"。② 从秦朝到清朝两千多年的中国王朝史，因君主的权力旁落而导致的权力更迭事件层出不穷。因此，由皇帝亲自掌握立法与司法的最高权力，成为历朝历代的皇帝驾驭群臣、实现国家长治久安的主要利器。

我国《宪法》第2条明确规定："中华人民共和国的一切权力属于人民。人民行使国家权力的机关是全国人民代表大会和地方各级人民代表大会。"党的十八届三中全会《决定》明确指出："财政是国家治理的基础和重要支柱。"党的十八届四中全会《决定》明确提出："依法治国是实现国家治理体系和治理能力现代化的必然要求。"因此，财政立法权的归属在很大程度上决定了"究竟是谁享有国家的权力"。我国强大的行政机关不但拥有绝大部分公共资源的支配权，而且还垄断了包括财政立法在内的制定规则的权力。③ 为了维护《宪法》的权威，贯彻落实党的十八届三中、四中全会的《决定》的重要精神，必须确立全国人大在财政立法的主导地位。

（二）以规范和逐步收回税收立法权与国库立法权为改革突破口，确立全国人大在财政立法中的主导地位

1. 规范与收回税收立法权

实现依法治税，是提高中期预算的预测准确性，推动税收征管体制和征管能力现代化的必然要求。根据党的十八届三中全会精神和国发〔2014〕45号文件要求，国务院作出了《国务院关于清理规范税收等优惠政策的通知》（国发〔2014〕62号），要求统一"税收政策

---

① 刘乾先、韩建立、张国昉、刘坤：《韩非子译注》，黑龙江人民出版社2003年版，第56页。

② 同上。

③ 张洋：《政府立法走向"质量型发展"——国务院法制办：改革深化到哪，立法工作就跟进到哪》，《人民日报》2015年5月6日。

制定权限""规范非税等收入管理"和"严格财政支出管理"。2015年,《国务院关于税收等优惠政策相关事项的通知》(国发〔2015〕25号)明确要求"各地区、各部门今后制定出台新的优惠政策,除法律、行政法规已有规定事项外,涉及税收或中央批准设立的非税收入的,应报国务院批准后执行;其他由地方政府和相关部门批准后执行,其中安排支出一般不得与企业缴纳的税收或非税收入挂钩"。中共中央办公厅、国务院办公厅在2015年12月印发的《深化国税、地税征管改革方案》中明确要求,"以法治为引领,注重运用法治思维和法治方式推进改革,落实税收法定原则,完善征管法律制度,增强税收执法的统一性和规范性"。

鉴于20世纪80年代中期全国人大对国务院的立法授权迄今已经超过30年,这种状况与《立法法》第10条第2款规定的"授权的期限不得超过五年"相互抵触,全国人大必须依照《立法法》的规定,逐渐规范对国务院的立法授权。例如,2016年3月5日李克强总理在提请第十二届全国人民代表大会第四次会议审议并通过的《政府工作报告》中明确提出"全面实施营改增"①,从而确保国务院2016年4月29日下发的《关于做好全面推开营改增试点工作的通知》(国发明电〔2016〕1号)已经获得了全国人大的明确授权。②在未来实施的中期预算改革过程中,全国人大应严格遵守《立法法》,不但须进一步细化对国务院各项税收的立法授权,而且必须对这些授权进行问责,降低行政机关滥用立法机关授权的风险,使民众对行政机关将要实施的结构性减税、税收优惠等财政政策形成良好的预期,维护了《税收征收管理法》以及各项税法的权威性。

---

① 2016年3月5日,李克强总理在提请第十二届全国人民代表大会第四次会议审议的《政府工作报告》中明确提出:"全面实施营改增,从5月1日起,将试点范围扩大到建筑业、房地产业、金融业、生活服务业,并将所有企业新增不动产所含增值税纳入抵扣范围,确保所有行业税负只减不增。"

② 作为贯彻"营改增"主要负责单位的财政部和国家税务总局,也是在李克强总理提请第十二届全国人民代表大会第四次会议审议的《政府工作报告》授权后,于2016年3月23日下发了《财政部国家税务总局关于全面推开营业税改征增值税试点的通知》(财税〔2016〕36号)。

2. 规范与收回国库立法权

2015 年，我国一般预算公共收入达到 152217 万亿元。然而长期以来，我国的国库管理主要依赖于 1985 年由国务院通过的《国家金库条例》，缺乏足够的法律约束力。我国 2014 年修订的《预算法》第 59 条第 2 款规定，"中央国库由中国人民银行经理，地方国库业务依照国务院的有关规定办理"，第 59 条第 4 款规定，"各级国库库款的支配权属于本级政府财政部门"。然而，2014 年修订的《预算法》作出的相关规定，并没有真正解决中国人民银行与财政部对国库经理权的争夺。为了落实依法治国的基本方略，作为我国最高权力机关的全国人大应规范与收回国库立法权，并在未来颁布《国库法》，避免国库成为政府职能部门之间相互争夺的对象，从而维护纳税人的合法权益。

全国人大通过规范和逐步收回税收立法权与国库立法权，为确立全国人大财政立法的主导地位寻找到良好的改革突破口。这些改革不但有利于保持宏观经济的稳定，而且有利于实现依法治国的诉求，从而为中期预算与年度预算联动机制的运行创造有利条件。

三　修正和制定与中期预算相关的法律法规

（一）确立中期预算具有与年度预算同等的法律效力

目前，指导我国中期预算改革最重要的依据，只是以国务院名义发布的国发〔2015〕3 号文件。而国发〔2015〕3 号文件所确定的预算改革目标，只是停留在由财政部门牵头编制中期财政规划。片面依靠行政法规的效力来推动中国预算管理现代化进程，存在改革动力不足的问题。一方面，国发〔2015〕3 号文件随时存在被国务院未来可能发布的政府文件废除的可能性，在一定程度上导致部分地方政府职能部门对编制中期财政规划采取比较消极的态度；另一方面，各级地方政府对国发〔2015〕3 号文件的重视程度，很容易被国务院每年所发布的大量政府文件所分散。①

---

① 仅在"十二五"时期，被冠以"国发"名义发布的政府文件便超过了 300 个，其中 2011 年 47 个，2012 年 65 个，2013 年 51 个，2014 年 70 个，2015 年 74 个。

一般而言，法律比政府文件具有更严格的约束力。在实施中期预算较为成功的发达国家，一般都会以法律的形式明确中期预算的地位。在德国的《促进经济与稳定增长法案》（*Promotion of Economic Stability and Growth Law*）、英国的《财政法案》（*Finance Act*）和澳大利亚的《预算诚信章程法案》（*Budget Credit Regulation Act*）等西方发达国家所制定的法律条款中，不仅明确要求财政部必须负责编制中期预算，而且要求政府必须将中期预算与年度预算同时提请立法机关进行审议。① 为了确保中期预算对年度预算具有必要的约束力，《预算法》条款中理应体现中期预算与年度预算同等的法律效力，即《预算法》必须有相关章节充分体现中期预算的法律地位。根据新《预算法》的基本要求，我国目前已经到了启动中期预算立法程序的时间节点。建议全国人大启动新一轮修订《预算法》的立法规划，由全国人大起草中期预算的相关法律条款，并在起草过程中通过各种方式广泛征求意见。重新修订《预算法》，有利于强化中期预算的法律约束力，打破既得利益者对中期预算改革的阻挠，从而为中期预算与年度预算联动机制实施提供法律的保障。

（二）适时组织对《会计法》《审计法》等相关法规进行修改完善

新《预算法》的顺利实施也需要一整套完整的专门的法律、法规体系来提供保障。立法机关要根据国家治理能力和治理体系现代化的要求，对与预算相关的经济法律进行必要的修改完善。《国务院关于批转财政部权责发生制政府综合财务报告制度改革方案的通知》（国发〔2014〕63号）提出："推进政府会计改革，建立全面反映政府资产负债、收入费用、运行成本、现金流量等财务信息的权责发生制政府综合财务报告制度。"构建权责发生制政府综合财务报告制度，为政府各职能部门编制中期预算奠定了会计制度的基础。因此，在适当的时候，全国人大应组织对《会计法》《审计法》等相关法规进行修改完善，在这些法律法规的修改完善过程中，需要把中期预算与年度预算联动机制作为一项重要内容来加以明确。

---

① 张玉周：《中期财政规划编制的国际经验及启示》，《财政研究》2015年第6期。

（三）构建起以《中期预算管理实施意见》为核心的制度和政策
保障体系

目前，我国各级政府主要依据政府文件贯彻领导人的重要讲话精
神，甚至全国人大通过的法律一般也必须依赖于政府文件贯彻落实。
因此，建议在《预算法》的指导下，针对依据国发〔2015〕3号文件
在编制中期财政规划的实施过程中所取得的经验和存在的问题，尤其
是明确年度预算与中期财政规划相互脱节，依然是"两张皮""两套
程序"的问题进行认真总结。建议由国务院法制办适时制定出台《中
期预算管理实施意见》，并以这个意见为基础，对与中期预算与年度
预算不相衔接的相关制度和政策进行全面清理，缺失的要健全，不相
适应的要修正，从而构建起以《中期预算管理实施意见》为核心的制
度和政策保障体系，确保中期预算与年度预算的有机衔接和高效
运行。

（四）国务院法制办在法律范围内严格履行行政立法的职责

《立法法》第12条第1款规定，"被授权机关应当严格按照授权
决定行使被授予的权力"；第12条第2款规定，"被授权机关不得将
被授予的权力转授给其他机关"。国务院法制办作为国务院办理法治
工作事项的办事机构，相比政府各职能部门更加超脱和中立。然而在
现实中，却不乏国务院法制办将全国人大所授予的部分权力转授到各
级政府的职能部门的现象。虽然政府职能部门对所要规范的领域有相
对丰富的管理经验，并且对存在的问题更为清楚，但是同时导致了一
些政府职能部门利用公共权力，对上位法的一些规定作扩大解释，或
者将一些不明确、职责交叉的管理领域，按有利于本部门的角度加以
规定，从而分配既得利益。①

以社会抚养费为例。根据《社会抚养费征收管理办法》（国务院
令〔2002〕第357号）第4条的规定，社会抚养费的征收决定权不但
被下放到县级人民政府计划生育行政部门，而且还允许县级人民政府
计划生育行政部门将社会抚养费的征收决定权进一步下放到乡（镇）

---

① 张洋：《政府立法亟需突破"部门起草"》，《人民日报》2016年1月20日。

人民政府或者街道办事处。这种政府转授人大授权的行为，明显存在违反《立法法》的嫌疑。此外，2001 年通过的《人口与计划生育法》第 15 条第 4 款已明确规定，"任何单位和个人不得截留、克扣、挪用人口计划生育与工作费用"，但是由于《人口与计划生育法》和《社会抚养费征收管理办法》都没有作出"社会抚养费应当定期公开"的规定条款，在制度上造成了全国各地的社会抚养费去向模糊的问题。

国务院法制办作为行政立法的核心机构，必须严格遵守《立法法》与《预算法》的相关条款。一方面，应统一制定政府行政法规，不能再将立法权力转授给其他政府职能部门，从源头上杜绝"政出多门"的现象。另一方面，制定《行政程序法》，政府在制定行政法规的条款中，必须充分体现出公共受托的责任意识，严格履行向人民解释政府行为的义务。例如，当准备下发公共预算资金相关领域的政府文件时，政府应按照法定权限和程序，经过公众参与、专家论证和风险评估等程序后再行发布。①

四 推动预算公开透明

布兰代斯认为，"阳光是最好的消毒剂，灯光是最好的警察"。实施中期预算与年度预算联动机制，要求形成中期预算对年度预算的约束力与指导性。较高的预算透明度，是形成中期预算对年度预算的约束力与指导性的重要前提。然而，目前我国预算透明度相对低下，阻碍了立法机关与财政部门对政府预算资金进行多年期的预测，成为未来实施中期预算与年度预算联动机制的限制条件。如果由于信息失真或者放大，导致信息不准确，就无法进行正常的控制活动，中期预算与年度预算联动机制是不可能实现的。

2014 年修订的《预算法》第 1 条明确要求"建立健全全面规范、公开透明的预算制度"，这为纳税人的民众理应享有的公共预算知情权提供了法律依据。《预算法》第 32 条第 4 款规定："政府收支分类科目，收入分为类、款、项、目；支出按其功能分类分为类、款、

---

① 马怀德：《经济决策须纳入法治轨道》，《光明日报》2016 年 1 月 20 日。

项，按其经济性质分类分为类、款。"2016 年 2 月，中共中央办公厅、国务院办公厅联合印发了《关于全面推进政务公开工作的意见》，将财政预决算作为推进政府信息公开的重点领域。虽然我国的预算透明度正不断提高，但是目前的预算透明度仍难以支撑未来即将实施的中期预算改革。因此，建议在下一轮《预算法》修正中，须明确要求政府收支分类科目必须编制到"节"。对于一些涉及国家安全利益，例如发展新型航空母舰等先进战略武器所需的预算经费，可特许该项支出（包括功能分类和经济性质分类）在政府预算会计科目中编制到"项"。但是当部分武器技术超过国家保密期限后，这部分当期预算经费的使用情况，必须在不损害国家利益的前提下逐渐实现公开透明。[①]

五　以中期预算为国家确定的重点支出提供资金保障

党的十八届三中全会《决定》明确要求："清理规范重点支出同财政收支增幅或生产总值挂钩事项，一般不采取挂钩方式。"然而由于制度的惯性，我国部分重点支出在 2014 年修正的《预算法》正式实施后，仍未完全同财政收支增幅或生产总值脱钩。尚未同财政收支增幅或生产总值脱钩的重点支出，势必成为深化预算管理制度改革的阻碍。（1）重点支出自行作出的支出安排条款，严重削弱了《预算法》作为"上位法"的法律地位，而且由于对法律条款逐一重新进行修订成本极大，因此可能错失预算管理制度改革的最佳时期；（2）重点支出自行确立的标准容易僵化跨年度预算机制，加剧了财政不可持续性的风险。尼斯坎南（2004）认为，"为了提高政府提供公共服务的效率，应该减少官僚系统在预算中力图争取用于自身消费的可任意支配经费的份额"。[②]

中期预算与年度预算联动机制在为国家确定的重点支出提供资金保障上，具有明显的制度优势。（1）中期预算与年度预算联动机制，

---

① 张韬：《中美中期预算改革的比较分析》，《广东财经大学学报》2016 年第 1 期。

② ［美］威廉姆·A. 尼斯坎南：《官僚制与公共经济学》，王浦劬译，中国青年出版社2004 年版，第 9 页。

通过严格的预算编制、审批、执行和决算程序，保障相关预算资金及时落实，维护了《预算法》的法律地位，有利于实现党和政府依法治国的诉求。（2）中期预算更具长远的战略视角以及年度预算更具灵活性的优势，使得中期预算与年度预算联动机制可以根据发展的需要与财政供给的可能，对预算资金的拨款及时进行调整，不但促使预算管理制度更加科学且富有弹性，而且有效地降低财政不可持续性的风险。为了实现依法治国，不断推进国家治理能力和国家治理体系的现代化进程，政府全部收支理应受到《预算法》等法律的严格约束。因此，建议及时修正相关法律以及政策文件中对国家财政性经费使用标准规定强制性的条款，未来主要通过中期预算与年度预算联动机制确保国家确定的重点支出的资金保障。

第二节 中期预算与年度预算联动的政策保障机制研究

一 构建中期预算与五年立法规划的衔接机制

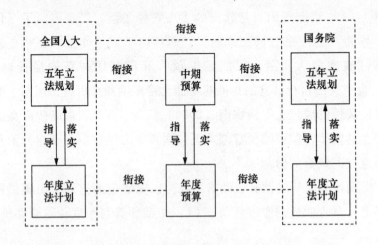

图7-1 全国人大、国务院立法规划与中期预算衔接机制

（一）构建中期预算与全国人大常务委员会五年立法规划的衔接机制

1. 推动全国人大常务委员会立法规划与全国人民代表大会任期相衔接

全国人大常务委员会的立法规划是从 2000 年《立法法》通过后才开始正式实施。《立法法》第 52 条第 1 款规定："全国人民代表大会常务委员会通过立法规划、年度立法计划等形式，加强对立法工作的统筹安排。"不过，我国立法规划编制时间却没有稳定的时间设计。如第一个立法规划是第十届全国人大常务委员会立法规划，编制时间是 2004 年。第二个立法规划是第十一届全国人大常务委员会立法规划，编制时间是 2008 年。全国人大常务委员会的前两个立法规划均未与全国人民代表大会任期相衔接，势必会严重削弱全国人大常务委员会立法规划的约束力与执行力。第三个立法规划是第十二届全国人大常务委员会立法规划，编制时间是 2013 年，正好与全国人民代表大会任期相契合。建议将第十三届全国人大立法规划的编制时间确定为 2018 年，规划期以法律的形式确定为 5 年，在时间上实现与全国人民代表大会任期同步。全国人大立法规划在时间上与全国人民代表大会任期实现同步，不但有利于强化全国人大立法规划的约束力与执行力，而且为构建与中期预算之间的衔接机制创造了有利条件。

2. 构建中期预算与全国人大常务委员会五年立法规划的衔接机制

全国人大常务委员会的五年立法规划，部分法律涉及预算资金的拨付，因此必须构建中期预算与全国人大常务委员会五年立法规划的衔接机制。(1) 建议全国人大常务委员会的五年立法规划，凡是涉及预算资金使用的条款，必须与中期预算相衔接。(2) 全国人大常务委员会的年度立法计划必须在五年期的立法规划上制定。全国人大常务委员会的年度立法计划中所制定的法律，凡是涉及预算资金使用的条款，必须与年度预算相衔接，从而为中期预算与年度预算联动机制的正常运行提供法律保障。

（二）构建中期预算与国务院法制办五年立法规划的衔接机制

1. 国务院法制办编制五年立法规划

《立法法》第 66 条第 1 款规定："国务院法制机构应当根据国家

总体工作部署拟订国务院年度立法计划，报国务院审批。国务院年度立法计划中的法律项目应当与全国人民代表大会常务委员会的立法规划和年度立法计划相衔接。"由于《立法法》并没有要求国务院法制办编制五年立法规划，因此国务院法制办目前只有年度立法计划。国务院缺乏跨年度的立法规划，导致国务院对立法工作随意性相对较大，政府与民众对立法缺乏足够的预期性，不但难以与全国人大常务委员会的立法规划进行衔接，而且还无法与国务院任期相衔接。

为了完善国家治理体系和提高国家治理能力，首先，国务院法制办可以参照全国人大常务委员会的工作流程，编制国务院法制办的五年立法规划；其次，将国务院法制办编制五年立法规划的第一年，设定为国务院总理任期的第一年，在时间设计上实现国务院法制办的五年立法规划与国务院总理任期相衔接；最后，在实现国务院法制办的五年立法规划与国务院任期相衔接基础上，推动国务院法制办的五年立法规划与全国人民代表大会常务委员会的五年立法规划相衔接。

2. 构建中期预算与国务院法制办五年立法规划的衔接机制

国务院的部分行政法规涉及预算资金的拨付。因此，国务院法制办如果缺乏五年立法规划，势必会削弱中期预算对预算资金拨付的约束力。建议当国务院法制办编制五年立法规划启动以后，五年期的立法规划凡是涉及预算资金使用的行政法规条款，必须与中期预算相衔接；年度立法计划必须在五年期的立法规划上制定，年度立法计划中所制定的部分实施条例、暂行条例中，凡是涉及预算资金使用的条款，必须与年度预算相衔接，从而确保中期预算与年度预算联动机制的正常运行。

二 推动国民经济和社会发展五年规划与五年立法规划、政府任期相衔接

（一）推动国民经济和社会发展五年规划与五年立法规划相衔接

1. 适时制定和颁布《国民经济和社会发展规划编制法》

目前，我国国民经济和社会发展规划的编制工作主要是依据国发〔2005〕33 号文件。2007 年，国务院法制办公室曾经完成了《国民经济和社会发展规划编制条例（草案）》的起草工作，并于同年 6 月

上报国务院进行审议。然而，由于这部条例无论从起草过程还是实际内容来看，明显地带有发改部门立法的痕迹，遭到了政府其他职能部门的强烈抵制，最终未能获得国务院的通过。在依法治国的背景下，建议适时制定和颁布《国民经济和社会发展规划编制法》，法律的起草工作必须由全国人大常委会法工委、财经委负责，打破现有各利益集团的狭隘利益，避免部门立法的局限性，使《国民经济和社会发展规划编制法》与《预算法》一道成为对中国经济运行能发挥重要作用的基本法律，实现党和政府依法治国的诉求。

2. 推动国民经济和社会发展五年规划与五年立法规划相衔接

国民经济和社会发展五年规划是一种具有总体性和法律约束力的规划。随着我国经济由计划经济逐渐转向市场经济，国民经济和社会发展规划在指标设计上划分为约束性指标和预期性指标。然而国民经济和社会发展五年规划与五年立法规划缺乏有效的衔接机制，导致在实际执行过程中，需要各个政府职能部门临时发布政府文件进行事后的衔接，不但严重削弱了国民经济和社会发展五年规划的法律约束力，而且不利于民众对公共政策形成良好的预期，部分专家学者也对国民经济和社会发展五年规划的执行力深表疑虑。推动国民经济和社会发展五年规划与五年立法规划相衔接，不但有利于实现依法治国，而且有利于民众对公共政策形成良好的预期，为进一步推动中期预算改革构建更加稳定的保障机制。

（二）推动国民经济和社会发展五年规划与政府任期相衔接

我国各级政府实施的是行政首长负责制。《宪法》第86条规定："国务院实行总理负责制。"行政首长负责制遵循决策权力统一的原则，确保国务院最高决策权掌握在国务院总理手中，符合了现代决策迅速果断解决问题的基本要求。① 为了防止行政首长的个人专断与权力滥用，除了加强监督以外，《宪法》第87条还规定："国务院每届任期同全国人民代表大会每届任期相同。总理、副总理、国务委员连续任职不得超过两届。"《宪法》对领导人任期作出明确的规定，从

---

① 陈庆云：《公共政策分析》（第二版），北京大学出版社2011年版，第124页。

制度上杜绝了国家领导人职务终身制的情况，有利于构建对政府公共权力的约束机制。但是新中国成立以来，国民经济和社会发展五年规划在时间设计上，却未能与政府领导人任期之间实现很好的衔接（见表7-1）。

表7-1 新中国五年规划（计划）执行时间与时任国务院总理对照

五年规划（计划）	执行时间	时任国务院总理
"一五"计划	1953—1957年	周恩来
"二五"计划	1958—1962年	周恩来
"三五"计划	1966—1970年	周恩来
"四五"计划	1971—1975年	周恩来
"五五"计划	1976—1980年	周恩来、华国锋、赵紫阳
"六五"计划	1981—1985年	赵紫阳
"七五"计划	1986—1990年	赵紫阳、李鹏
"八五"计划	1991—1995年	李鹏
"九五"计划	1996—2000年	李鹏、朱镕基
"十五"计划	2001—2005年	朱镕基、温家宝
"十一五"规划	2006—2010年	温家宝
"十二五"规划	2011—2015年	温家宝、李克强
"十三五"规划	2016—2020年	李克强（任期至2018年）

注：1949年10月至1952年年底为我国国民经济恢复时期，1963—1965年为我国国民经济调整时期。

资料来源：根据中华人民共和国中央人民政府网站公开的资料整理得出。

通过对表7-1的分析可以发现，每当国务院总理上任时，新一届政府必须继续执行上届政府制定的，且尚未完成的国民经济和社会发展五年规划（计划）。同时，在新当选的国务院总理上任后，排除任期内提前下台的特殊情况，如果国务院总理不能实现连任时，将无法在其一届任期内执行一个完整的五年规划。即使国务院总理成功实现连任，也仍然无法完整地执行下一个五年规划。虽然这种状况是特定的历史因素所造成，但是如果五年规划与领导人任期一直无法很好地衔接，不但不利于政府在任期内通过规划实现战略目标，而且也难以通过五年规划对任期内政府的工作绩效进行考核。鉴于"十三五"规划已经开始执行，建议对未来五年规划的时间设计进行适当的调整，比如可以把 2021 年和 2022 年设定为一个调整期，将"十四五"规划的执行时间修改为 2023—2027 年。

三 推动中期预算与国民经济和社会发展五年规划相衔接

从新中国成立初期的"一五"计划，到目前正在执行的"十三五"规划，国民经济和社会发展五年规划通过明确国家或地区一个时期经济社会发展的基本方向、安排重大任务，发挥着统一全党全国思想、凝聚人心，朝着既定目标前进的作用。North 认为，"发展路径一旦被设定在一个特定的进程上，网络外部性、组织的学习过程，以及得自于历史的主观模型，将会强化这一进程"。[1]"路径依赖"基本锁定了新中国通过规划实现国家治理的路径。中期预算与国民经济和社会发展五年规划是实现国家规划管理现代化的重要基础。如果中期预算与国民经济和社会发展五年规划难以衔接的话，很可能导致中期财政规划未来的改革方向偏离了改革目标。因此，建议从时间、目标、任务、体制机制和政策四个方面来推动中期预算与国民经济和社会发展五年规划相衔接（见图 7-2）。

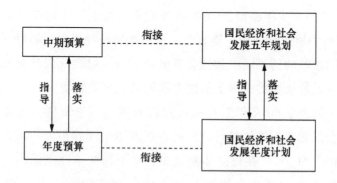

图 7-2 中期预算与国民经济和社会发展五年规划衔接机制

① North D. C.，1990，*Institution*，*Institutional Change and Economic Performance*，Cambridge：Cambridge University Press，p. 90.

（一）推动中期预算与国民经济和社会发展五年规划时间相衔接

根据国发〔2015〕3号文件的要求，财政部门应会同各部门研究编制三年滚动财政规划，分析预测未来三年重大财政收支情况。通过国发〔2015〕3号文件的分析可以判断，中期财政规划的编制应该以财政政策为重要依据，以逐渐取代目前编制年度预算所采用的"基数法"。此外，未来的中期预算改革目标很可能是由财政部领衔编制三年期的"滚动型"中期预算。然而，我国现行编制的中期财政规划，仍然继续采用编制年度预算时的"基数法"。这种情况在一定程度上使部分行政机关的工作人员更加坚定地认为，中期财政规划同国民经济和社会发展规划并没有直接的关系。为了强化中期预算的约束力，建议从两个方面推动中期预算与国民经济和社会发展五年规划时间相衔接。

1. 建议实施五年期的"期间型"中期预算

目前，我国正在执行的国民经济和社会发展规划是五年期的"期间型"的规划，在时间设计上很难与三年期的"滚动型"中期预算保持同步。例如，2015年是"十二五"规划的最后一年，然而国家的"十三五"规划直到2015年下半年党的十八届五中全会召开才能基本确定。根据《预算法》和国发〔2015〕3号文件的要求，财政部应于2015年上半年编制2016年年度预算的基础上，同步编制2016—2018年的中期财政规划。换言之，当中期财政规划的时间段同时涉及两个不同时期的国民经济和社会发展规划时，财政部门都会面临着在缺乏充分政策依据的前提下编制中期财政规划的窘境。

新中国成立60多年来长期通过规划实现国家治理，要对国民经济和社会发展五年规划进行彻底的存量改革会面临极大的阻力。亨廷顿（2008）认为，"在任何体制之中，变革与继承性须保持一定的平衡，某些方面的变革会使得其他方面的变革变得不必要或者不可能"。① 鉴于我国的国民经济和社会发展规划、立法规划、土地资源规

---

① ［美］塞缪尔·P.亨廷顿：《变化社会中的政治秩序》，王冠华、刘为等译，上海世纪出版集团2008年版，第105页。

划、城乡建设规划、生态文明规划都是"期间型"的规划，我国可以借鉴法国和英国的"期间型"中期预算的模式，将中期预算设计为五年期的"期间型"中期预算。中期预算与国民经济和社会发展五年规划同步编制，而且同步提交立法机关进行审议批准，其中，中期预算执行的第一年也是国民经济和社会发展五年规划执行的第一年，从而在时间设计上实现与国民经济和社会发展五年规划保持同步。

2. 推动专项规划与国民经济和社会发展五年规划、中期预算时间相衔接

除了由发展和改革委员会主导的国民经济和社会发展五年规划作为"总规划"以外，由国土资源部门主导的国土资源规划、由住房和城乡部门主导的城乡建设规划，以及由环保部门主导的生态规划，是我国目前最主要的专项规划。然而这些最主要的专项规划，在时间上却无法与国民经济和社会发展五年规划保持同步，因此也不可能与我国 2015 年开始编制的中期财政规划保持同步。与此同时，我国由国家发展和改革委员会主导的国民经济和社会发展五年规划，一般是在规划期的最后一年下半年才编制并审议通过。部分地方政府的国民经济和社会发展五年规划以及由政府职能部门主导的绝大部分专项规划，甚至到规划已经开始执行后才开始编制与审查批准。这种情况不仅将损害国民经济和社会发展五年规划的约束力，也导致我国现行的中期财政规划以及未来实施的中期预算在编制程序中缺乏政策依据。

为了强化国民经济和社会发展五年规划和中期预算的约束力，实现国家规划管理现代化的目标。一方面，我国所有的专项规划在时间上必须与国民经济和社会发展五年规划、五年期的中期预算在时间上保持同步。另一方面，建议将国民经济和社会发展五年规划以及专项规划的编制时间以及审查和批准时间提前，从而有利于提高国民经济和社会发展五年规划以及专项规划在执行程序的规范性。

（二）推动中期预算与国民经济和社会发展五年规划目标相衔接

在中国现行的规划体系中，国民经济和社会发展五年规划是一种具有总体性和法律约束力的规划，其对各种专项规划和区域发展规划等，起着统筹性、纲领性的作用。国民经济和社会发展五年规划，要

对未来五年期间内，国家或地区经济和社会经济增长、结构调整、基础设施、科技教育、如资源节约和环境保护、人民生活、社会建设等方面，提出总体要求和主要目标。这些目标有的是预期性的，如经济增长和机构调整方面的目标；有的是约束性的，如资源节约和环境保护方面的目标。党的十八届五中全会《决定》围绕着全面建成小康社会的宏伟目标，明确提出"经济保持中高速增长、人民生活水平和质量普遍提高、国民素质和社会文明程度显著提高、生态环境质量总体改善、各方面制度更加成熟更加定型"一系列经济和社会发展方面的新目标要求。这些宏观经济社会发展的目标需要各种专项规划和区域发展规划的目标来加以落实。在实现了国民经济和社会发展五年规划与中期预算保持同步推进的过程中，中期预算需要对五年规划提出的各种经济和社会发展目标进行详细的资金供给分解，落实到所需要的财政资金的具体目标上。

国家"十三五"规划提出了要在 2020 年全部解决 7000 多万农村人口绝对贫困问题的大目标，其中就需要将 1000 多万已经不适宜人口居住贫困人口从原住地迁移出来，同时为这些农村居民建造大量的新住宅。这项工程不仅需要巨额的财政资金，而且还要通过财政资金的拉动，为进入城镇的农村人口提供就业机会，使得这些移民能"移得出、稳得住、能致富"。在这些农村居民搬迁和就业的过程中，中央和地方财政必须根据中期预算的要求，分年度对预算资金需求进行测算，合理科学地安排和调配资金，保证资金足额、按时地拨付到位，从而确保扶贫目标的实现。

（三）推动中期预算与国民经济和社会发展五年规划任务相衔接

要实现国民经济和社会发展确定的主要目标，需要一系列重大任务来进行落实。在"十三五"期间，党的十八届五中全会《决定》明确提出了"坚持创新发展，着力提高发展的质量和效益；坚持协调发展，着力形成平衡发展的结构；坚持绿色发展，着力改善生态环境；坚持开放发展，着力实现合作共赢；坚持共享发展，着力增进人民福祉"等重大战略任务。在这些重大战略任务中，相当一部分需要五年，甚至更长的时间才能完成。例如，为拓展中国区域发展战略空间，国家以"一带一路"建设、京津冀协同发展、长江经济带建设为引领，形成沿海沿江沿线经济带为主的纵向与横向经济轴带。

要完成上述中长期的重大战略任务，就需要将五年规划中的重大任务同中期预算进行有机衔接，保证财政资金的支付落实到具体的项目上。例如，为推动亚洲基础设施投资银行的建设，作为创始成员国中经济总量最大的国家，中国在亚投行 1000 亿美元资本金规模中承诺将出资 297 亿美元。这些财政资金的投入，尤其需要中期预算来进行约束和管理，在实际支付过程中，除了要及时兑现中国对亚投行的庄严承诺以外，也要保证各个年度财政预算对在亚投行新增投入的资金后，不会对国内其他基本支出造成较大的影响。

（四）推动中期预算、国民经济和社会发展五年规划体制机制和政策相衔接

中期预算在与国民经济和社会发展五年规划进行时间、主要目标以及任务衔接以后，还需要对体制机制创新及政策保障方面进行衔接。由于国发〔2015〕3 号文件缺乏将中期财政规划与国民经济和社会发展五年规划衔接的机制，而且也没有相关政策进行支撑。因此，未来的中期预算改革需要通过体制机制创新，形成一整套中期预算与国民经济和社会发展五年规划有机衔接的体制和机制，以及健全的管理体制作为基本制度保障，从而形成定位清晰、功能互补、统一衔接的五年规划与中期预算有机衔接的规划体系。通过中期预算与国民经济和社会发展五年规划在体制机制和政策上的科学衔接，才能有效保证规划期内发展目标的实现和主要任务的如期完成。

结论与展望

　　本书研究的主要目的是要强化中期预算的约束力，确保中期预算与年度预算联动机制的顺利实施，因此本书的主线是从以下几个方面来实现这个目的。

　　（1）本书提出了中期预算与年度预算存在着联动的逻辑关系。对于中期预算的必要性、约束条件与实施效果，已有众多学者进行了相关研究。但是，对于中期预算实施极为重要且必须解决的基础性与关键性问题，即中期预算与年度预算之间的衔接问题，目前学术界的探讨尚不系统。本书通过对国内外文献的研究与梳理，发现学术界争议的焦点主要集中在两种解决方案：一是主张将中期预算嵌入到年度预算（"嵌入型"中期预算）；二是主张通过中期预算对年度预算进行严格约束（"约束型"中期预算）。然而这两种方案都存在难以克服的问题：一方面，"嵌入型"的中期预算缺乏足够的法律约束力，在制度上存在着巨大的隐患；另一方面，依据国发〔2015〕3号文件要求所编制的中期财政规划，难以对具有法律约束力且刚性增长的年度预算进行有效约束。因此，探寻建立科学可行的中期预算与年度预算之间的联动机制，并对中期预算与年度预算的关系在法律上加以进一步明确，使中期预算对年度预算具有必要的约束力，不但可以保障中期预算的成功实施，而且可以有效克服年度预算存在的不足，从而实现整个预算管理体制改革的目标。

　　（2）本书提出了构建中期预算与国民经济和社会发展五年规划、五年立法规划相互衔接的观点与建议。我国主要是依据国发〔2015〕3号文件的要求实施中期财政规划。中期财政规划在时间、目标、任务、体制机制和政策等方面，与国民经济和社会发展五年规划，以及全国人大的五年立法规划之间都存在着难以衔接的问题，中期财政规划存在着沦为部门规划的风险。基于上述认识，本书提出以体制机制和政策创新为原动力，推动国民经济和社会发展五年规划、五年立法规划、中期预算在时间、目标、任务、体制机制和政策方面相衔接，实现中期预算与年度预算的科学联动，使这些要素共同构成国家规划管理现代化的重要基础。

（3）为了确保中期预算在时间设计上与国民经济和社会发展五年规划、五年立法规划衔接，本书运用系统动力学以及运筹学的研究方法，设计出中期预算与年度预算联动机制的模型。理论上，中期预算与年度预算联动机制运行最理想的状态，是实现年度预算的运行与中期预算的设计完全吻合。然而在现实中，年度预算的运行与中期预算的设计完全吻合是一个小概率事件，更多的情况是，年度预算与中期预算在数量和结构上会出现一定程度的偏差。例如，五年年度预算收支规模的实际执行结果通常会大于或小于五年中期预算收支规模。因此，需要通过政策、法律法规进行不断的修正，尽可能地缩小这种偏差，避免出现严重偏离的情况，从而确保中期预算与年度预算联动机制的运行能达到一个较优的状态。

然而本书也存在一定的局限性，主要包括以下几个方面。

（1）由于本人知识和能力以及所占有资料信息的局限，加之缺乏在财政部门工作所积累的经验，本人对预算实务及其指导理论的认识难免有着一些偏差。一方面，目前学术界与业界对"中期预算"这个概念还存在着较大的争议，本书直接使用"中期预算"一词可能存在偏颇。另一方面，经过对国内外文献的梳理，本人尚未发现学术界对中期预算与年度预算联动机制进行过系统的研究，本书的研究无论在方法上，还是在研究的内容上，没有比较现成的路径可以依赖。在中期预算与年度预算联动模型的构建和验证上，核心内容的选择、主要动力的思考上是否恰当，希望得到同行专家与预算工作人员的指点。

（2）由于预算研究所涉及的范围十分繁杂。为将研究的内容引向深入，本书对中期预算与年度预算联动机制的研究，主要局限在一般公共预算。对"四本预算"中的其他"三本预算"，即政府性基金预算、国有资本经营预算和社会保险基金预算，本书仅仅是简单地提及，并未展开深入研究。

（3）本书研究的主要对象是中期预算与年度预算联动机制，而不是对中期预算进行计量回归分析。因此，本书主要运用系统动力学、运筹学等跨学科的基础研究方法，针对中期预算与年度预算的衔接问题与工作机制进行分析。系统动力学的模型原本是用于分析物理和机械原理等问题。然而在现实中，中期预算与年度预算联动机制的环境肯定会更加复杂。本书设计的系统动力学和运筹学模型的目的，只是为了缩小中期预算与年度预算在数量与结构上的偏差，所设计的模型并没有充分考虑到可能会对中期预算与年度预算联动机制产生影响的各种变量。而且，在现实中中期预算与年度预算联动机制能否正常运行，还需要经受实践的检验。

（4）一般而言，与制定一项政府文件相比，制定一部法律更具效率优势。在中国，以国务院为首的行政机关长期承担了大量理论上应由立法机关和司法机关承担的职责。各级政府主要依据政府文件来贯彻领导人的重要讲话精神，甚至全国人大通过的大部分法律也必须依赖于政府文件贯彻落实。中国各级政府所颁布的一系列政府文件，实质上相当于西方国家的国会或议会通过的一系列法案，并由此形成了依法治国与"文件治国"并存的国家治理格局。本书提出构建中国中期预算与年度预算联动的法律与政策保障机制，在实际实施过程中其现实可行性、科学性、完整性等，都还需要经受实践的检验。

参考文献

［1］［德］罗伯特·黑勒：《德国公共预算管理》，赵阳译，中国政法大学出版社 2013 年版。

［2］（汉）桓宽：《盐铁论》，陈桐生译，中华书局 2015 年版。

［3］（汉）刘向：《管子》，李山译，中华书局 2009 年版。

［4］［美］阿伦·威尔达夫斯基：《预算：比较理论》，苟燕楠译，上海财经大学出版社 2009 年版。

［5］［美］阿伦·威尔达夫斯基：《预算与治理》，苟燕楠译，上海财经大学出版社 2010 年版。

［6］［美］保罗·萨缪尔森、［美］威廉·诺德豪斯：《宏观经济学（第 18 版）：双语教学版》，萧琛、蒋景媛等译，人民邮电出版社 2007 年版。

［7］［美］伯纳德·T. 皮特斯瓦德、［美］弗兰克·D. 德雷帕：《联邦预算传统风格的意义——渐进预算》，载赵早早、牛美丽主编《渐进预算理论》，重庆大学出版社 2011 年版。

［8］［美］伯纳德·T. 皮特斯瓦德、［美］弗兰克·D. 德雷珀：《预算改革的政治含义》，载赵早早、牛美丽主编《渐进预算理论》，重庆大学出版社 2011 年版。

［9］［美］德隆·阿西莫格鲁、［美］詹姆斯·A. 罗宾逊：《国家为什么会失败》，李增刚译，湖南科学技术出版社 2015 年版。

［10］［美］杰克·瑞宾、［美］托马斯·D. 林奇：《国家预算与财政管理》，丁学东、居昊、王子林、吴俊培、王洪、罗华平译，中国财政经济出版社 1990 年版。

［11］［美］兰斯·T. 勒楼普：《渐进主义的神话：预算理论中的分

析性选择》，载赵早早、牛美丽主编《渐进预算理论》，重庆大学出版社 2011 年版。

[12] [美] 鲁迪格·多恩布什、[美] 斯坦利·费希尔、[美] 理查德·斯坦兹：《宏观经济学》（第十版），王志伟译，中国人民大学出版社 2010 年版。

[13] [美] 罗伯特·D. 李、[美] 罗纳德·W. 约翰逊、[美] 菲利普·G. 乔伊斯：《公共预算体系》（第八版），苟燕楠译，中国财政经济出版社 2011 年版。

[14] [美] 曼瑟尔·奥尔森：《国家兴衰探源——经济增长、滞胀与社会僵化》，吕应中、陈槐庆、樊栋、孙礼照译，商务印书馆 1999 年版。

[15] [美] 曼瑟尔·奥尔森：《集体行为的逻辑》，陈郁、郭宇峰、李崇新译，格致出版社、上海三联书店、上海人民出版社 2014 年版。

[16] [美] 曼瑟尔·奥尔森：《权力与繁荣》，苏长和、嵇飞译，上海世纪出版集团、上海人民出版社 2005 年版。

[17] [美] 塞缪尔·P. 亨廷顿：《变化社会中的政治秩序》，王冠华、刘为等译，上海世纪出版集团 2008 年版。

[18] [美] 托马斯·D. 林奇：《美国公共预算》（第四版），苟燕楠、董静译，中国财政经济出版社 2002 年版。

[19] [美] 威尔达夫斯基：《预算改革的政治含义》，载赵早早、牛美丽主编《渐进预算理论》，重庆大学出版社 2011 年版。

[20] [美] 威廉姆·A. 尼斯坎南：《官僚制与公共经济学》，王浦劬译，中国青年出版社 2004 年版。

[21] [美] 西蒙·约翰逊：《火烧白宫：美债，从哪里来，往何处去》，郭庚信译，机械工业出版社 2013 年版。

[22] [美] 小罗伯特·D. 李、[美] 罗纳德·W. 约翰逊、[美] 菲利普·G. 乔伊斯：《公共预算制度》（第七版），扶松茂译，上海财经大学出版社 2010 年版。

[23] [美] 约翰·J. 贝勒、[美] 罗伯特·J. O. 寇纳：《渐进主义的

操作化：测量混沌状态》，载赵早早、牛美丽主编《渐进预算理论》，重庆大学出版社 2011 年版。

[24]［美］约翰·罗尔斯：《正义论》（修订版），何怀宏、何包钢、廖申白译，中国社会科学出版社 2009 年版。

[25]［美］约翰·瓦纳特：《渐进主义的基础》，载赵早早、牛美丽主编《渐进预算理论》，重庆大学出版社 2011 年版。

[26]［美］詹姆斯·C. 布坎南、［美］理查德·A. 马斯格雷夫：《公共财政与公共选择——两种截然对立的国家观》，类承曜译，中国财政经济出版社 2000 年版。

[27]［美］詹姆斯·M. 布坎南：《民主财政论》，穆怀朋译，商务印书馆 2009 年版。

[28]（唐）吴兢：《贞观政要》，刘配书、刘波、谈蔚译，新华出版社 2006 年版。

[29]［英］崔瑞德：《剑桥中国隋唐史：589—906 年》，中国社会科学院历史研究所、西方汉学研究课题组译，中国财政经济出版社 1990 年版。

[30]［英］大卫·李嘉图：《政治经济学及税赋原理》，周洁译，华夏出版社 2005 年版。

[31]［英］丹尼斯·C. 缪勒：《公共选择理论》（第 3 版），韩旭等译，中国社会科学出版社 2011 年版。

[32]［英］霍布斯：《利维坦》，黎思复、黎廷弼译，商务印书馆 2008 年版。

[33]［英］罗纳里·哈里·科斯：《变革中国：市场经济的中国之路》，王宁、徐尧、李哲民译，中信出版社 2013 年版。

[34]［英］洛克：《政府论》（下篇），叶启芳、瞿菊农译，商务印书馆 2005 年版。

[35]［英］亚当·斯密：《国民财富的性质和原因的研究》（下卷），郭大力、王亚南译，商务印书馆 2008 年版。

[36]［英］约翰·梅纳德·凯恩斯：《就业、利息和货币通论》，高鸿业译，商务印书馆 2009 年版。

[37] 桑贾伊·普拉丹：《公共支出分析的基本方法》，蒋洪、魏陆、赵海莉译，中国财政经济出版社 2000 年版。

[38] Allen R. ，Tommasi D.：《公共开支管理——供转型经济国家参考的资料》，章彤译，中国财政经济出版社 2009 年版。

[39]《经济研究》编辑部：《建国以来社会主义经济理论问题争鸣（1949—1984）》（下），中国财政经济出版社 1985 年版。

[40] 白天亮：《养老金发放有保障》，《人民日报》2016 年 4 月17 日。

[41] 白彦锋：《中期预算改革与我国现代财政制度构建》，中国财政经济出版社 2015 年版。

[42] 白彦锋、叶菲：《中期预算：中国模式与国际借鉴》，《经济与管理评论》2013 年第 1 期。

[43] 财政部条法司主编：《〈中华人民共和国预算法〉修改前后对照表》，中国财政经济出版社 2014 年版。

[44] 财政部预算司主编：《中央部门预算编制指南（2015 年）》，中国财政经济出版社 2014 年版。

[45] 蔡美彪、汪敬虞、李燕光、冯尔康、刘德鸿：《中国通史》（第十册），人民出版社 1994 年版。

[46] 蔡美彪、朱瑞熙、李瑚、卞孝萱、王会安：《中国通史》（第五册），人民出版社 1994 年版。

[47] 陈菲：《发挥人大立法主导作用　加快形成完备的法律规范体系》，《光明日报》2015 年 9 月 8 日。

[48] 陈焕章：《孔门理财学》，中国发展出版社 2009 年版。

[49] 陈佳贵、黄群慧、吕铁、李晓华等：《工业化蓝皮书：中国工业化进程报告（1995—2010）》，社会科学文献出版社 2012 年版。

[50] 陈庆云：《公共政策分析》（第二版），北京大学出版社 2011 年版。

[51] 陈水生：《当代中国公共政策过程中利益集团的行为逻辑》，博士学位论文，复旦大学，2011 年。

［52］陈小平：《印度新导弹争相上舰》，《当代海军》1998 年第
5 期。

［53］陈晓荣：《多年预算制度浅析》，《改革》2003 年第 6 期。

［54］陈永杰：《摘下看非公有制经济的有色眼镜》，《人民日报》
2015 年 9 月 7 日。

［55］陈云：《陈云同志文稿选编（1956—1962）》，人民出版社 1980
年版。

［56］程浩：《中国社会利益集团的兴起及其合法性问题研究》，《湖
北社会科学》2006 年第 6 期。

［57］程浩、黄卫平、汪永成：《中国社会利益集团研究》，《战略与
管理》2003 年第 4 期。

［58］程瑜：《政府预算中的契约制度设计》，《中国财政》2008 年第
17 期。

［59］崔潮：《中国财政现代化研究》，中国财政经济出版社 2012
年版。

［60］崔惠玉：《中期预算框架下完善我国财政收入体系的思考》，
《税务研究》2016 年第 4 期。

［61］邓淑莲：《跨年度预算平衡机制与中期预算框架是否是一回
事》，《财政监督》2015 年第 7 期。

［62］邓小平：《邓小平文选》（第二卷），人民出版社 1983 年版。

［63］邓子基、徐日清：《财政收支矛盾与财政收支平衡——谈谈如何
认识与应用社会主义制度下的财政收支平衡规律》，《中国经济
问题》1980 年第 3 期。

［64］高培勇：《深刻认识财政新常态》，《经济日报》2015 年 3 月
13 日。

［65］葛致达：《我国财政学界部分同志对财政赤字问题的看法（发
言摘要）》，《财政》1981 年第 3 期。

［66］耿汉斌：《关于财政赤字的几个理论问题》，《经济问题探索》
1983 年第 7 期。

［67］何海波：《依法行政，请从国务院做起》，《改革内参》2014 年

第 7 期。

[68] 何振一：《理论财政学》（第二版），中国财政经济出版社 2005
年版。

[69] 胡书东：《经济发展中的中央与地方关系——中国财政制度变迁
研究》，上海三联书店、上海人民出版社 2001 年版。

[70] 胡玉奎：《系统动力学》，中国科技咨询服务中心预测开发公司
1984 年版。

[71] 黄严：《覆巢之下亦有完卵：卢森堡公共财政可持续及其对中
国的启示》，《公共行政评论》2014 年第 1 期。

[72] 贾康、苏京春、梁季、刘薇：《全面深化财税体制改革之路：
分税制的攻坚克难》，人民出版社 2015 年版。

[73] 江泽民：《江泽民文选》（第一卷），人民出版社 2006 年版。

[74] 焦建国：《英国公共财政制度变迁分析》，经济科学出版社 2009
年版。

[75] 李超民：《常平仓：美国制度中的中国思想——亨利·A. 华莱
士农业政策的经济思想史考察》，博士学位论文，上海财经大
学，2000 年。

[76] 李红霞、刘天琦：《中期财政规划改革的难点与路径探析》，
《中央财经大学学报》2016 年第 6 期。

[77] 李俊生：《盎格鲁—撒克逊学派财政理论的破产与科学财政理
论的重建——反思当代"主流"财政理论》，《经济学动态》
2014 年第 4 期。

[78] 李俊生：《构建具有约束力的财政中期财政支出框架》，《中国
财经报》2014 年 1 月 4 日。

[79] 李俊生：《美国财政悬崖根源、措施及影响》，《中国市场》
2013 年第 3 期。

[80] 李俊生、李贞：《外国财政理论与实践》，经济科学出版社 2012
年版。

[81] 李俊生、童伟：《让预算报告更加简明易懂、科学合理》，《北
京人大》2015 年第 7 期。

［82］ 李俊生、王淑杰：《论国会预算权力的实现机制》，《宏观经济研究》2011 年第 3 期。

［83］ 李俊生、姚东旻：《中期预算框架研究中术语体系的构建、发展及其在中国应用中的流变》，《财政研究》2016 年第 1 期。

［84］ 李丽辉：《2015 年各项重点支出得到较好保障》，《人民日报》2015 年 1 月 30 日。

［85］ 李三秀：《日本中期财政框架考察》，《财政科学》2016 年第 4 期。

［86］ 李燕：《编制中期预算是财政规范化管理的重要举措》，载马骏主编《"国家治理与公共预算"国际学术研讨会论文集》，中国财政经济出版社 2007 年版。

［87］ 李燕：《财政可持续发展与透明视角下的中期预算探究》，《中国行政管理》2012 年第 9 期。

［88］ 李燕：《财政中期（多年滚动）预算：借鉴与实施》，《财政研究》2006 年第 2 期。

［89］ 李燕、白彦锋、王淑杰：《中期预算：理念变革与实践》，《财贸经济》2009 年第 8 期。

［90］ 列宁：《列宁全集》（第三卷），人民出版局 2014 年版。

［91］ 列宁：《无产阶级革命与叛徒考茨基》，外国文书籍出版社 1949 年版。

［92］ 刘军宁等：《市场逻辑与国家观念》，三联书店 1995 年版。

［93］ 刘乾先、韩建立、张国昉、刘坤：《韩非子译注》，黑龙江人民出版社 2003 年版。

［94］ 刘尚希：《财政改革的四大挑战》，《改革内参》2016 年第 2 期。

［95］ 刘尚希、韩凤芹、张绘：《从政府治理看中期财政规划——基于河北省的经验与教训》，《学术研究》2015 年第 12 期。

［96］ 刘永桢：《浅谈预算赤字问题》，《财经问题研究》1981 年第 1 期。

［97］ 娄冰：《中国的预算制度：变迁轨迹和改革路径》，博士学位论

文，中国社会科学院研究生院，2013 年。

[98] 楼继伟：《中国政府间财政关系再思考》，中国财政经济出版社
2013 年版。

[99] 楼继伟、张少春、王保安：《深化财税体制改革》，人民出版社
2015 年版。

[100] 卢真、陈莹：《澳大利亚政府预算制度》，经济科学出版社
2015 年版。

[101] 马蔡琛：《如何解读政府预算报告》，中国财政经济出版社
2012 年版。

[102] 马蔡琛、郭小瑞：《中期财政规划的预算决策行为分析——基
于前景理论的考察》，《云南财经大学学报》2015 年第 1 期。

[103] 马蔡琛、袁娇：《中期预算改革的国际经验与中国现实》，《经
济纵横》2016 年第 4 期。

[104] 马蔡琛、张莉：《构建中的跨年度预算平衡机制：国际经验与
中国现实》，《财政研究》2016 年第 1 期。

[105] 马海涛、王威：《税制改革中结构性减税政策的分析》，载马
海涛主编《从争论到实践：中国分税制改革 20 周年论文集》，
经济科学出版社 2014 年版。

[106] 马海涛、肖鹏：《全面深化财税体制改革视野下中国〈预算
法〉的修订研究——中国〈预算法〉修订的背景、内容与效
应分析》，《新疆财经》2014 年第 6 期。

[107] 马寒：《印度军费计划增加 5.77 亿美元》，《军事经济研究》
1991 年第 6 期。

[108] 马怀德：《经济决策须纳入法治轨道》，《光明日报》2016 年 1
月 20 日。

[109] 马骏：《治国与理财：公共预算与国家建设》，三联书店 2011
年版。

[110] 马骏：《中国公共预算改革理性化与民主化》，中央编译出版
社 2005 年版。

[111] 马骏、赵早早：《公共预算：比较研究》，中央编译出版社

2011 年版。

［112］毛泽东：《毛泽东选集》（第三卷），人民出版社 1991 年版。

［113］毛泽东：《毛泽东选集》（第五卷），人民出版社 1977 年版。

［114］祁斌：《我眼中的大国崛起与衰落》，《改革内参》2015 年第
22 期。

［115］清华大学社会学系社会发展研究课题组、孙立平等：《"中等
收入陷阱"还是转型陷阱》，《开放时代》2012 年第 3 期。

［116］曲哲涵：《财政支出要"花对地方"》，《人民日报》2015 年 2
月 9 日。

［117］任彦：《欧盟高福利拖累竞争力》，《人民日报》2015 年 8 月
21 日。

［118］上海财经大学公共政策研究中心：《2015 中国财政透明度报
告》，上海财经大学出版社 2015 年版。

［119］石英华：《预算与政府中长期规划紧密衔接的机制研究——研
究改善政府预算执行的新视角》，《财贸经济》2012 年第 8 期。

［120］田雪原：《大国之难——当代中国的人口问题》，今日中国出
版社 1997 年版。

［121］童伟：《俄罗斯政府施政工具选择和中期预算变革》，《财政研
究》2007 年第 6 版。

［122］童伟：《俄罗斯政府预算制度》，经济科学出版社 2013 年版。

［123］童伟：《俄罗斯中期预算改革：原因、现状及趋势发展》，《俄
罗斯中亚东欧研究》2008 年第 3 期。

［124］王宏武：《澳大利亚中期预算和绩效预算管理的启示》，《财政
研究》2015 年第 7 期。

［125］王劲松：《推进中期预算：衔接规划　依法推进》，《中国财经
报》2013 年 12 月 24 日。

［126］王俊鹏：《IMF 呼吁沙特进行财政改革》，《经济日报》2015 年
8 月 25 日。

［127］王淑杰：《英国政府预算制度》，经济科学出版社 2014 年版。

［128］王雍君：《国发〔2015〕3 号文对中期预算有误读》，网易财

经 （http：//money. 163. com ／15/0126/08/AGSFP05S00254
TFQ. html），2015 年 1 月 26 日。

[129] 王雍君：《中国的预算改革：引入中期预算框架的策略与要
点》，《中央财经大学学报》2008 年第 9 期。

[130] 王雍君：《中国公共预算改革：从年度到中期基础》，经济科
学出版社 2011 年版。

[131] 王雍君：《中期财政规划下预算改革：破解公款迷局》，网易
财经 （http：//money. 163. com/15/0123/10/AGKTF0J400254
TFQ. html），2015 年 1 月 23 日。

[132] 王勇：《财政支持新农村建设效应机理与实证——以江西为
例》，中国社会科学出版社 2011 年版。

[133] 王蕴、王元：《建立与经济周期相适应、与中长期规划相衔接
的国家中长期预算框架》，《经济研究参考》2009 年第 27 期。

[134] 翁礼华：《纵横捭阖：中国财税文化透视》，中国财政经济出
版社 2011 年版。

[135] 吴晓波：《浩荡两千年：中国企业公元前 7 世纪—1869 年》，
中信出版社 2015 年版。

[136] 午言：《让人大代表看懂看清财政报告》，《人民日报》2015
年 2 月 9 日。

[137] 武普照：《近现代财政思想史研究》，南开大学出版社 2010
年版。

[138] 项怀诚、贾康、赵全厚：《中国财政通史（当代卷）》，中国财
政经济出版社 2006 年版。

[139] 肖鹏：《美国政府预算制度》，经济科学出版社 2014 年版。

[140] 肖文东：《年度预算与中期预算：比较及借鉴》，《中央财经大
学学报》2007 年第 12 期。

[141] 肖文东、王雍君：《"十二五"时期中国预算改革的思考——
基于引入中期预算框架的视角》，《中国流通经济》2011 年第
11 期。

[142] 谢林：《引入中期基础预算：进程评述与展望》，《地方财政研

究》2015 年第 3 期。

[143] 谢姗、汪卢俊：《中期预算框架下我国财政收入预测研究》，《财贸研究》2015 年第 4 期。

[144] 谢旭人：《中国财政发展报告》，中国财政经济出版社 2011 年版。

[145] 许云霞：《美国联邦政府中长期预算运行机制及对我国的启示》，《山东社会科学》2015 年第 11 期。

[146] 鄢一龙：《"五年规划"凸显制度优势》，《人民日报》（海外版）2015 年 11 月 11 日。

[147] 鄢一龙、白钢、章永乐、欧树军、何建宇：《大道之行：中国共产党与中国社会主义》，中国人民大学出版社 2015 年版。

[148] 严恒元：《欧盟成员国政府债务和财政赤字比例双降》，《经济日报》2016 年 4 月 28 日。

[149] 姚绍学、李小捧：《地方政府制定中长期财政预算的构想》，《财政研究》2004 年第 8 期。

[150] 《经贸信息：俄罗斯计划使预算达到平衡和无赤字》，《东欧中亚市场研究》1998 年第 7 期。

[151] 尹文敬：《试论我国的财政赤字》，《社会科学》（上海）1981 年第 1 期。

[152] 袁振宇：《谈谈财政收支平衡问题》，《经济问题探索》1981 年第 2 期。

[153] 张晋武：《欧美发达国家的多年期预算及其借鉴》，《财政研究》2001 年第 10 期。

[154] 张韬：《中国收入不平等问题剖析》，《财经论丛》2014 年第 5 期。

[155] 张韬：《中美中期预算改革的比较分析》，《广东财经大学学报》2016 年第 1 期。

[156] 张晓娣：《基于世界银行中期预算框架的中国公共债务分析与风险评价》，《市场经济与增长质量——2013 年岭南经济论坛暨广东经济学会年会论文集》，中国数字化出版社 2013 年版。

[157] 张洋：《政府立法亟需突破"部门起草"》，《人民日报》2016年1月20日。

[158] 张洋：《政府立法走向"质量型发展"——国务院法制办：改革深化到哪，立法工作就跟进到哪》，《人民日报》2015年5月6日。

[159] 张翼：《2014年GDP增长速度为7.3%》，《光明日报》2015年9月8日。

[160] 张玉周：《中期财政规划编制的国际经验及启示》，《财政研究》2015年第6期。

[161] 赵鸿鑫、梁含嫣、储星星：《中国财政收入与经济增长的关系研究——基于1978—2013年数据的实证分析》，《经济研究导刊》2014年第16期。

[162] 赵矜娜、王一轲：《标准周期预算管理与我国现行的预算周期制度》，《陕西农业科学》2007年第4期。

[163] 赵早早：《澳大利亚政府预算改革与财政可持续》，《公共行政评论》2014年第1期。

[164] 郑建和：《对综合财政几个基本理论问题的看法》，《中央财政金融学院学报》1983年第1期。

[165] 中国财贸报社论：《确保今年财政收支平衡》，《中国财贸报》1981年2月7日。

[166] 中国国民经济管理学研究会《国民经济管理学》编写组：《国民经济管理学》，山东人民出版社1983年版。

[167] 周恩来：《周恩来选集》（下卷），人民出版社1984年版。

[168] 朱青：《欧洲货币统一与欧元区预算政策的协调》，《财经研究》1998年第10期。

[169] Hawkesworth I. , Emery R. , Wehner J. , Saenger K. , 2009, "Budgeting in Bulgaria", *OECD Journal on Budgeting*, Vol. 9, No. 3, pp. 133 – 183.

[170] Antunes A. A. , Cavalcanti T. V. , 2013, "The Welfare Gains of Financial Liberalization: Capital Accumulation and Heterogeneit",

Journal of the European Association, Vol. 11, No. 6, pp. 1348 – 1381.

[171] Bahl R., Schroeder L., 1984, "The Role of Multi – Year Forecasting in the Annual Budgeting Process for Local Governments", *Public Budgeting and Finance*, Vol. 4, No. 1, pp. 3 – 13.

[172] Beetsma R., Bluhm B., Giuliodori M. and Wierts, P., 2013, "From Budgetary Forecasts to Ex Post Fiscal Data: Exploring the Evolution of Fiscal Forecast Errors in the European Union", *Contemporary Economic Policy*, Vol. 31, No. 4, pp. 795 – 813.

[173] Blöndal J. R., 2010, "Budgeting in Philippines", *OECD Journal on Budgeting*, Vol. 10, No. 2, pp. 53 – 74.

[174] Boex J., J. Martinez – Vazquez, R. McNab., 1998, "Multi – year Budgeting: A Review of International Practices and Lessons for Developing and Transitional Economies", *Public Budgeting and Finance*, Vol. 20, No. 2, pp. 91 – 112.

[175] Brennan G., Buchanan J. M., 1985, *The Reason of Rules: Constitutional Political Economy*, Cambridge: Cambridge University Press, p. 154.

[176] Burger P., Marinkov M., 2012, "Fiscal Rules and Regime – Dependent Fiscal Reaction Functions: The South African Case", *OECD Journal on Budgeting*, Vol. 12, No. 1, pp. 79 – 107.

[177] Campbell J. Y., Mankiw N. G., 1989, "Consumption, Income, and Interest Rates", *Social Science Electronic Publishing*, Vol. 4, No. 3, pp. 185 – 246.

[178] Case A., Townsend R. M., Morduch J, Besley T., 1995, "Symposium on Consumption Smoothing in Developing Countries", *Journal of Economic Perspective*, Vol, 9, No. 9, pp. 81 – 82.

[179] Castro I., Dorotinsky W., 2008, *Medium – Term Expenditure Frameworks: Demystifying and Unbundling the Concepts*, Washington, D. C.: World Bank.

［180］ Cortés R. , Marshall A. , 1999, "Estrategia económica, instituciones y negociación política en la reforma social de los noventa", *Desarrollo Económico*, Vol. 154, No. 39, pp. 195 – 212.

［181］ Curristine T. , Bas M. 2007, "Budgeting in Latin America: Result of the 2006 OECD Survey", *OECD Journal on Budgeting*, Vol. 7, No. 1, pp. 83 – 118.

［182］ Dantzig G. B. , 1947, *Computer for Solving Bombing Problems*, United States Patent: 2421745.

［183］ Dye T. , 1972, *Understanding Public Policy*, Englowood Cuffs: Prentice – Hall. p. 215.

［184］ ECO Consult, AGEG, APRI, Euronet, IRAM and NCG, 2011, *EVA* 2007/*geo – acp*: *Evaluation of EC' s co – operation to the Republic of Malawi* 2003 – 2010. Brussel: The European Commisson, No. 11, p. 33.

［185］ Eggertsson T. , 1990, *Economic Behavior and Institutions*, Cambridge: Cambridge University Press, p. 66.

［186］ Esteban J. , Ray D. , 2006, "Inequality, Lobbying, and Resource Allocation", *American Economic Review*, Vol. 96, No. 1, pp. 257 – 279.

［187］ Fölscher A. , Cole N. , 2006, "South Africa: Transition to Democracy Offers Opportunity for Whole System Reform", *OECD Journal on Budgeting*, Vol. 6, No. 2, pp. 1 – 37.

［188］ Fenno R. F. , 1966, *The Power of Purse*: *Appropriations Politics in Congress*. Boston: Little, Brown and Company, pp. xiii, pp. 352, 410.

［189］ Ferreira M. E. , Goncalves F. R. , 2009, "Economic Diplomacy and Flagships: A Case Study of Galp and Unicer in Angola", *Relaes Internacionais*, Vol. 24, pp. 115 – 133.

［190］ Flavin M. , 1985, "Excess Sensitivity of Consumption to Current Income: Liquidity Constraints or Myopia?", *Canadian Journal of*

Economics, Vol. 18, No. 1, pp. 117 – 136.

[191] Forrester J. P. , 1991, "Multi – year Forecasting and Municipal Budgeting", *Public Budgeting and Finance*, Vol. 11, No. 2, pp. 47 – 61.

[192] Franek S. R. , 2010, "Multi – Year Budgeting as An Element of Institutional Reforms: The Experiences of European Union Countries Versus Its Present – Day State in Poland", *Transformation in Business and Economics*, Vol. 9, No. 2, pp. 418 – 431.

[193] Gore A. A. , 1993, *From Red Tape to Results: Creating a Government That Works Better and Costs Less. Report on the National Performance Review*, New York: Time Books.

[194] Gross D. B. , Souleles N. S. , 2001, "Do Liquidity Constraints and Interest Rates Matter for Consumer Behavior? Evidence from Credit Card Data", *Social Science Electronic Publishing*, Vol. 117, No. 1, pp. 149 – 185.

[195] Gupta M. D. , Grandvoinnet H. , Romani M. , 2004, "State – Community Synergies in Community – Driven Development", *Journal of Development Studies*, Vol. 40, No. 3, pp. 27 – 58.

[196] Gurría A. , Moreno L. A. , 2014, *Government at a Glance—Latin American and the Caribbean* 2014: *Towards Innovation Public Financial Management*. Paris: OECD Publishing, pp. 78 – 79.

[197] Hagemann R. , 2011, "How Can Fiscal Councils Strengthen Fiscal Performance?", *OECD Journal: Economic Studies Volume*, Vol. 24, No. 1, pp. 75 – 98.

[198] Hamilton A. , 1790, *Report on Public Credit*, Philadelphia: The Secretary of the Treasury of the United States, No. 1, pp. 3, 27.

[199] Hansen S. C. , 2010, "A Theoretical Analysis of the Impact of Adopting Rolling Budgets, Activity – Based Budgeting and Beyond Budgeting", *European Accounting Review*, Vol. 20, No. 2, pp. 289 – 319.

[200] Hawkesworth I. , Emery R. , Wehner J. , Saenger J. , 2010, "Budgeting in Lithuania", *OECD Journal on Budgeting*, Vol. 10, No. 3, pp. 79 – 114.

[201] Hawkesworth I. , Melchor O. H. , Robinson M. , 2012, "Selected Budgeting Issues in Chile: Performance Budgeting, Medium – Term Budgeting, Budget Flexibility", *OECD Journal on Budgeting*, Vol. 12, No. 3, pp. 147 – 185.

[202] Holmes M. , Evans A. , 2003, *A Review of Experience in Implementing Medium Term Expenditure Frameworks in a PRSP Context: A Synthesis of Eight Country Studies.* London: Overseas Development Institute.

[203] International Monetary Fund, 2004, Mid – Term Development Strategy of Bosnia and Herzegovina (PRSP) 2004 – 2007. Washington, D. C. : IMF Country Report No. 04/114, No. 4, p. 47.

[204] International Monetary Fund, 2007, Manual on Fiscal Transparency. Washington, D. C. : International Monetary Fund.

[205] International Monetary Fund, 2012, *Liberia: Public Expenditure and Financial Accountability (PEFA) Assessment.* IMF Country Report No. 12/273, No. 9, pp. 9, 42.

[206] Kimmel L. H. , 1989, *Federal Budget and Fiscal Policy 1789 – 1958*, Washington, D. C. : The Brookings Institution, pp. 65 – 69, 84 – 85, 87 – 88.

[207] Kraan, Dirk – Jan, Kostyleva, V. , Barbara, D. and Olofsson, R. , 2012, "Budgeting in Montenegro", *OECD Journal on Budgeting*, Vol. 12, No. 1, pp. 35 – 78.

[208] Kraan, Dirk – Jan, Trapp, L. V. , Kostyleva, V. and Wehner, J. , 2012, "Budgeting in Luxembourg: Analysis and Recommendations", *OECD Journal on Budgeting*, Supplement Vol. 1, No. 1, pp. 9 – 66.

[209] Kraan, Dirk – Jan, Trapp, L. V. , Kostyleva, V. and Wehner,

J. , 2012, "Budgeting in Luxembourg: Analysis and Recommen-dation", *OECD Journal on Budgeting*, Supplement Vol. 1, No. 1, pp. 9 – 66.

[210] Kwon S. , Reich M. R. , 2005, "The Changing Process and Poli-tics of Health Policy in Korea", *Journal of Health Politics Policy and Law*, Vol. 30, No. 6, pp. 1003 – 1025.

[211] Landolfo L. , 2008, "Assessing the Sustainability of Fiscal Poli-cies: Empirical Evidence from Euro Area and United States", *Journal of Applied Economics*, Vol. 14, No. 2, pp. 305 – 326.

[212] Le Houerou P. , Taliercio R. , 2002, *Medium – Term Expenditure Frameworks: From Concept to Practice* (*Preliminary Lessons from Africa*), Washington, D. C. : World Bank, p. 25.

[213] Lee R. D. , Johnson R. W. , Joyce P. G. , 2004, *Public Budge-ting Systems, Seventh Edition,* Sudbury: Jones and Bartlett Pub-lishers, p. 90.

[214] Lindblom C. E. , 1965, *Intelligence of Democracy*, New York: MacMillan, p. 144.

[215] Ljungman G. , 2006, "The Medium – term Fiscal Framework in Swe-den", *OECD Journal on Budgeting*, Vol. 6, No. 3, pp. 93 – 109.

[216] Madsen J. , 1968, "Multi – year Planning and Budgeting of Govern-ment Activities", *Economics of Planning*, Vol. 8, No. 1 – 2, pp. 140 – 153.

[217] Ministry of Finance, Planning and Economic Development, 2013, *National Budget Framework Paper: FY2013/2014 – FY2017/2018*, Kampala: Ministry of Finance, Planning and Economic Develop-ment, p. 45.

[218] Ministry of Medical Services and Ministry of Public Health and Sanita-tion, Afya House, 2013, *Health Sector Strategic and Investment Plan* (KHSSP) *July* 2013 – *June* 2017. Nairobi: Ministry of Medical Services and Ministry of Public Health and Sanitation, Afya House,

pp. 111 – 112.

[219] Ministry of Planning and Administrative Development, 2013, *General Framework of Preparation of the National Development Plan* 2014 – 2016, Ram Allah: Ministry of Planning and Administrative Development, p. 3.

[220] Ministry of Planning and Investment, 2011, *Public Expenditure Tracking Survey Manual*, Ha Noi: Ministry of Planning and Investment, p. 11.

[221] Ministry of Strategy and Finance, 2014, *The Budget System of Korea*, Seoul: Ministry of Strategy and Finance, p. 88.

[222] North, D. C. , 1990, *Institution, Institutional Change and Economic Performance*, Cambridge: Cambridge University Press, p. 90.

[223] Office of the United Nations Resident Coordinator in Tanzania, 2011, *United Nations Development Assistance Plan* (UNDAP) *July* 2011 – *June* 2015, Dodoma: United Nations Tanzania.

[224] Petkova N. , Stanek, R. , Bularga A. , 2011, "Medium – term Management of Green Budget: The Case of Ukraine", *OECD Environment Working Paper*, Vol. 31, No. 1, pp. 1 – 81.

[225] Rawls J. , 1970, *A Theory of Justice*. Cambridge: The Belknap Press of Harvard University Press, p. 290.

[226] Rubin I. S. , 2000, *The Politics of Public Budgeting: Getting and Spending, Borrowing and Balancing*, New York: Seven Bridges Press, p. 3.

[227] Samuelson P. A. , 1954, "The Pure Theory of Public Expenditure", *The Review of Economics and Statistics*, Vol. 36, No. 1, pp. 1 – 29.

[228] Schiavo – Campo S. , 2009, "Potemkin Villages: 'The' Medium – Term Expenditure Framework in Developing Countries", *Public Budgeting and Finance*, Vol. 29, No. 2, pp. 1 – 26.

[229] Shah A. , 2006, *Budgeting and Budgetary Institutions*, Washington, D. C. : World Bank, p. 128.

[230] Sharkansky I. , 1968, "Agency Requests, Gubernatorial Support, and Budget Success in State Legislatures", *American Political Science Review*, Vol. 62, No. 12, p. 1222.

[231] Sloan H. E. , 2001, *Principle and Interest: Thomas Jefferson and the Problem of Debt*, Charlottesville: University of Virginia Press, p. 86.

[232] Spackman M. , 2002, *Multi – Year Perspective in Budgeting and Public Investment Planning*, Paris: the OECD Global Forum on Sustainable Development, No. 4, p. 5.

[233] Steger G. , 2010, "Austria' s Budget Reform: How to Create Consensus for a Decisive Change of Fiscal Rules", *OECD Journal on Budgeting*, Vol. 10, No. 1, pp. 7 – 20.

[234] Stiglitz J. E. , 2012, *The Price of Inequality: How Today' s Divided Society Endangers Our Future*, New York: W. W. Norton and Company, pp. 24, 84.

[235] Tanaka H. , 2003, "Fiscal Consolidation and Medium – Term Fiscal Planning in Japan", *OECD Journal on Budgeting*, Vol. 35, No. 3, pp. 105 – 137.

[236] The EU Water Initiative, 2010, *Tools and Approaches to Support Improved Medium – Term Budget Planning for the Water Supply and Sanitation Sector in EECCA countries*. Paris: The EU Water Initiative.

[237] The Law Library of Congress, 2007, *Global Legal Monitor*, The Law Library of Congress, No. 2, p. 8.

[238] UNESCO, 2009, *Education Financial Planning in Asia: Implementing Medium – Term Expenditure Frameworks – Thailand*. Bangkok: UNESCO Asia and Pacific Regional Bureau for Education, p. 12.

[239] Valicu R. , Verhoeven M. , Grigoli F. and Mills, Z. , 2014, "Multi – year budgets and fiscal performance: Panel data evidence", *Journal of Public Economics*, Vol. 111, No. 2, pp. 79 – 95.

[240] Wilcox D. W. , 1989, "Social Security Benefits, Consumption Expenditure, and the Life Cycle Hypothesis", *Journal of Political Economy*, Vol. 97, No. 97, pp. 288 – 304.

[241] Wildavsky A. and Caiden N. , 1980, *Planning and Budgeting in Poor Countries*, New Brunswick: Transaction Books, p. 141.

[242] Wildavsky A. , 1964, *Politics of the Budgetary Process*, Boston: Little Brown, p. 15.

[243] Wildavsky A. , Caiden N. , 2004, *The New Politics of the Budgetary Process*, New York: Pearson Education, Inc. , pp. 188 – 189.

[244] World Bank Philippine Office, 2013, *Philippine Development Report – Creating More and Better Jobs.* Manina: World Bank Philippine Office, p. 207.

[245] World Bank, 1998, *Public Expenditure Management Handbook*, Washington, D. C. : World Bank, p. 46.

[246] World Bank, 2013, *Beyond the Annual Budget: Global Experience with Medium Term Expenditure Frameworks*, Washington, D. C. : World Bank, pp. 7 – 8, 10, 20 – 21, 25 – 26, 58, 60 – 62, 175, 224.

[247] Yimer M. , 2015, "Medium Term Expenditure and Budgetary Practices in Ethiopia", *International Journal of Economic and Business Management*, Vol. 3, No. 4, pp. 23 – 38.

[248] Zaleski J. , Tomaszweski P. , Wojtasiak A. , Bradley, J. , 2004, "A Methodology for Medium – Term Forecasting and Policy Analysis Based on the Polish HERMIN Model", *Wroclaw Regional Development Agency*, No. 9, pp. 1 – 27.

后　记

本书是在我博士学位论文的基础上加工而成的。当我 2013 年 9 月来到中央财经大学财政学院（2016 年 7 月更名为中央财经大学财政税务学院）报到时，我的导师李俊生教授便带领我参加他主持的世界银行项目《财政中期预算管理研究》和国家自然科学基金委员会科学部主任基金项目《政府中期支出框架体系研究》。由于在攻读博士学位之前一直受"财政学隶属于应用经济学"思维惯性的束缚，我对公共预算早期认识基本局限于国民财富的分配职能，未能意识到公共预算与国家治理之间所存在的必然联系。在李老师的耐心点拨下，我逐渐意识到财政问题不仅是经济问题和管理问题，而且是政治问题和社会问题，更是国家治理和国家兴旺发达的命脉所系。正是在这一更确切的认识基础上，我的博士学位论文才逐渐有了突破性的进展。从论文的选题、文献综述的梳理、中期预算与年度预算联动机制模型的设计，最终到论文的定稿，李老师利用他宝贵的时间对我进行了最悉心的指导。关于学术论文的写作过程，李老师特别注重文献综述。我借用莎士比亚的一句名言"伟大的爱情来自于挖墙脚"，认为"写好一篇博士学位论文最重要的前提是必须学会挖文献的墙脚"。只有通过对文献综述的认真梳理，才可能真正了解和掌握研究的意义与方向。在我三年的博士研究生学习生涯中，李老师丰富的学识，严谨的教学科研态度，以及自信豁达的人格魅力，深深地感染了我。能成为李老师的学生，是我的幸运。此外，李老师与师母郜霖教授在生活上也给予了我无微不至的关照，在此我向李老师与郜老师表示我最诚挚的谢意。

在我攻读博士学位尤其是学位论文写作过程中，中央财经大学以及其他院校的研究财政学的资深专家学者，都给予了我很大的帮助。中央财经大学的马海涛教授、王文素教授、童伟研究员、白彦锋教授、姜爱华教授、肖鹏教授，中国社会科学院的高培勇教授和闫坤研究员，中国财政科学研究院的贾康研究员和傅志华研究员，都在我论文写作过程中进行了悉心的指导。

作为贵州财经大学的一名青年教师，我要感谢蔡绍洪教授、王作功教授、杨杨教授、焦建军教授、余孝军教授、徐艺副教授对我的关心与支持。一方面，我有幸参与了贵州省地税局、贵阳市财政局等课题，并成为贵阳市财政局关于编制中期财政规划的课题负责人，通过课题调研与写作在很大程度上弥补了我在预算实务方面的"短板"。另一方面，他们尽可能照顾并减轻我的本科生课程教学负担，使我能够集中精力在博士学位论文的基础上，进一步丰富内容，顺利完成了这部著作。

由于完成博士学位论文与著作的缘故，让我有幸结识了辛勤奋战在预算岗位上的工作人员，并从他们那里获取到我国预算改革的前沿信息。在此我要衷心感谢贵州省人大常委会财经委黄建川副主任、贵州省人大常委会财经委预算处向波处长、贵州省财政厅预算处万艳处长、北京市财政局预算处唐雅仪副处长、财政部预算司地方处隋心主任科员、北京市人大财经委预算处苏超主任科员。

在我完成博士学位论文与著作期间，我与中央财经大学许多研究生同学经常就公共预算问题从经济学、政治学、管理学、社会学、哲学等多重视角进行了探讨。陈挺博士在我入学之初，对如何通过记笔记整理博士学位论文的文献综述，给我提出了许多中肯的意见。冷哲博士作为我博士研究生三年的同学与舍友，在我的学习和生活陷入各种困惑时，经常能够及时地给予我莫大的帮助。此外，我与上海大学的庞保庆博士后、中南财经政法大学的曾益博士，以及德国洪堡大学的周超博士，经常从政治经济学的视角就公共预算问题进行愉快的交流。在此感谢他们陪伴我度过研究生求学生涯这段难忘的求学时光。

研究成果的面世还得益于中国社会科学出版社经济与管理出版中

心刘晓红老师及其同事的大力帮助，他们严谨、谦和的工作态度让人
心生敬意，在此对他们表示衷心的感谢。

张 韬
2016 年 8 月 2 日